101

147

Prima edizione: giugno 2012

Roma, Casella postale 6214

ISBN 978-88-541-3964-0

www.newtoncompton.com

Realizzazione a cura di Tespi s.r.l., Roma
Stampato nel giugno 2012 presso Puntoweb s.r.l., Ariccia (Roma)
su carta prodotta con cellulose senza cloro gas provenienti da foreste controllate e certificate, nel rispetto delle normative ecologiche vigenti.

Gloria Mastrantonio

101 consigli per vivere ogni giorno rispettando l'ambiente

Newton Compton editori

Ad Andrea,
e a chi mi ha aiutata a riscoprire le mie vere passioni,
e a metterle in pratica pensando "differente"

Introduzione

Vi chiedete se davvero vale la pena scorrazzare per la campagna, nell'unico vostro giorno di riposo, alla ricerca di un'azienda agricola che venda e produca prodotti biologici, piuttosto che starvene sdraiati davanti alla TV? O se conviene sostituire il tradizionale fustone di detersivo, che lascia il bucato profumato e bianco, con uno ecologico di dubbio risultato, o se è proprio necessario perdere qualche minuto al banco della pescheria, informandovi sulla provenienza del pesce che metterete in tavola per cena. Chiariamolo subito: in questo libro non troverete una risposta.

Perché la verità è che ogni nostra singola azione ha un impatto buono o cattivo, sul nostro pianeta. E noi come individui indipendenti, liberi di pensare e di agire, abbiamo il potere (e il dovere) di controllare la maggior parte delle nostre scelte, dalla casa in cui viviamo a ciò che acquistiamo e mangiamo, e di conseguenza l'impatto che esse creano.

Questo libro è una semplice guida per aiutarvi a fare dei piccoli ed efficienti passi verso uno stile di vita più verde in ogni situazione quotidiana: dal modo migliore per utilizzare la lavastoviglie alla cura personale del corpo. Una guida pratica per tutte quelle persone che non vogliono rivoluzionare la loro esistenza da un giorno all'altro, svegliandosi una mattina e decidendo di comprare solo prodotti bioecologici o iniziando a misurare quanta CO2 hanno rilasciato nell'aria, ma che vogliono invece fare la differenza dove è realmente importante. Quindi, in poche parole, un po' per tutti.

Percorrendo una strada "verde" non solo aiuteremo a preservare foreste, ecosistemi, biodiversità e risorse, ma miglioreremo la qualità del nostro vivere in genere, la nostra alimentazione, il nostro lavoro e anche il tempo libero. Un investimento che ritornerà utile a noi e alle generazioni future.

E per chi pensa che sia inutile provare, non essendo in grado o pronto a fare cambiamenti che comportino piccole rinunce, e che sia quindi superfluo anche il solo pensarci, vorrei ricordare cosa disse l'eccezionale donna "che piantava gli alberi": «Proteggere e tutelare l'ambiente significa anzitutto proteggere noi stessi. Questa è la lezione che l'uomo dovrebbe imparare, ovvero comprendere e capire con urgenza che siamo tutti interconnessi, che non curarsi della Terra significa anzitutto non curarsi di noi» (*La religione della Terra*, Wangari Maathai[1]).

Eco-casa

Consigli per pulire la casa in modo *green*

A tutti piace un ambiente pulito e profumato, ma vi siete mai chiesti se la casa in cui passate le ore più piacevoli della giornata sia anche un luogo sano in cui vivere? Spazzare e lavare i pavimenti, detergere i sanitari e spolverare sono compiti davvero ardui e soprattutto molto inquinanti. Infatti la maggior parte dei prodotti convenzionali per la pulizia presenti nel ripostiglio di ogni casa, che vi aiutano a combattere la vostra piccola guerra contro sporcizia e germi, sono in realtà quasi tutti tossici e non biodegradabili, dunque non solo una minaccia per la salute e per l'ambiente: più che fedeli alleati sono dei veri e propri nemici. Se invece volete mantenere l'abitazione un posto accogliente e sano, ecco utili e semplici consigli per pulire la casa nel totale rispetto del pianeta e di voi stessi.

1. Toglietevi le scarpe prima di entrare!

Forse è un accorgimento un po' fastidioso per chi tende a dimenticarsi tutto prima di uscire da casa, ma provate a lasciare all'entrata delle comode pantofole da indossare al rientro, e la vostra abitazione rimarrà pulita più a lungo e senza germi portati dalla strada. Soprattutto se avete un bambino che gattona sul pavimento è importante che la casa sia pulita. Fermatevi solo un momento e immaginate cosa può esserci sotto le suole delle vostre scarpe a fine giornata: pollini, polveri, fango, olio, rifiuti di animali, e tutto questo entra nella vostra intimità. Meno sporcizia all'interno significa anche meno fatica, meno acqua e meno sostanze chimiche utilizzate per pulire la casa. Infatti per evitare igienizzanti e battericidi, che sono non solo dannosi per la vostra salute e quella della vostra famiglia ma anche altamente inquinanti, è opportuno che la sporcizia della strada rimanga fuori dalla vostra abitazione. E per gli ospiti, tenete sempre pronte all'occorrenza pantofole lavabili. Questo gesto verrà recepito come un invito a mettersi a proprio agio, a sentirsi come a casa propria. Provate inoltre a diffondere quest'abitudine tra i vostri amici, argomentando la necessità di ridurre il massiccio uso di detersivi a favore dell'ambiente.

2. Lasciate respirare la vostra casa

Aprite le finestre per almeno cinque minuti ogni giorno. L'aerazione quotidiana delle stanze aiuta a eliminare molti batteri, polveri e muffe presenti all'interno. Infatti non solo l'arredamento, ma anche tappeti, tende, pavimenti e pareti nascondono molteplici materiali e sostanze tossiche per la salute; proprio per questo oggi non è poi così raro che le nostre case siano più inquinate rispetto all'esterno. La cattiva qualità dell'aria negli ambienti chiusi può causare asma, mal di testa, secchezza degli occhi, congestione nasale, nausea, affaticamento e altri sintomi. I bambini e le persone con malattie respiratorie sono oltretutto maggiormente esposti. E una delle principali colpevoli della cattiva qualità dell'aria interna è proprio la scarsa ventilazione. Quando l'aria all'interno di una casa non circola, la polvere, le sostanze chimiche annidate negli arredi e nei prodotti per la pulizia rimangono nell'ambiente creando una vera e propria forma di smog. Dunque anche d'inverno, e anche se solo per poco tempo, lasciate respirare la vostra casa, e se volete rendere gli spazi più puliti e sani tenete sempre una pianta da appartamento, che libererà l'aria dalle tossine mantenendo il giusto livello di umidità nelle stanze.

3. Pulizie sostenibili: detergenti ecologici

Per rendere la vostra abitazione pulita, per proteggere la vostra famiglia e per avere la certezza di poter poi riposare in un ambiente sano, sostituite i tradizionali prodotti per la pulizia con formule *eco-friendly* e più sicure. Non è necessario un cambiamento drastico, iniziate a eliminare gradualmente, magari mano a mano che finiscono, i vari prodotti che usate abitualmente con detergenti più delicati a base vegetale, e potrete finalmente respirare aria più sana in casa senza aver recato danno alla vostra famiglia e all'ambiente.

La maggior parte degli incidenti domestici sono causati da avvelenamento da detersivi. Vi siete mai chiesti cosa significano tutti quegli avvertimenti e quei simboli inquietanti sulle etichette? Vogliono dire che sono pericolosi per la salute! In effetti, i prodotti per la pulizia più convenzionali contengono sostanze chimiche tossiche che mettono sia l'uomo che il pianeta a rischio. Il cosiddetto "odore di pulito" è una manovra pubblicitaria per farci associare l'odore di sostanze chimiche alla pulizia. In realtà, ogni volta che si inala il profumo "di pino" o "di lavanda", si sta riempiendo il naso con un cocktail di sostanze chimiche industriali che vanno da lievi allergeni a veri e propri veleni che possono causare irritazioni alle vie respiratorie, infiammazioni della pelle, irritazione agli occhi, nausea, mal di testa, vertigini e anche vomito. Alcuni sono cancerogeni noti o sospetti.

Molti di questi prodotti convenzionali non solo contengono ingredienti per lo più provenienti dal petrolio e tossici per la salute ma causano anche enormi danni all'ambiente, dal primo istante in cui vengono prodotti fino al loro smaltimento, in quanto sono non biodegradabili e quindi dannosi per la flora e la fauna acquatica.

Se ognuno di noi eliminasse da scaffali e armadietti i prodotti più commercialmente noti per l'igiene della casa, oltre centomila barili di petrolio potrebbero essere risparmiati. Fortunatamente però oggi è disponibile sul mercato un'ampia gamma di detersivi alternativi, ecologici e altamente efficaci.

Ma come capire se un prodotto per la pulizia è realmente *green*? Uno dei metodi più semplici è leggere attentamente le etichette e saper riconoscere gli ingredienti, facendo attenzione alla composizione.

Generalmente sono prodotti che utilizzano imballaggi riciclabili (o privi di confezioni e "alla spina[2]") e ingredienti biodegradabili. Dunque importante è il grado di biodegradabilità. Inoltre devono contenere tensioattivi di origine naturale, di solito classificati con un numero pari (C12 o C14, mentre quelli sintetici, derivati dal petrolio, presentano un numero dispari, C11 o C13)[3], devono essere privi di fosfati, al posto dei quali possono essere utilizzati silici lamellari altrettanto efficaci e più ecocompatibili, non devono contenere profumi sintetici ma naturali e devono essere contrassegnati dalla margherita di Ecolabel[4], il marchio europeo di qualità ecologica per i prodotti e i servizi migliori dal punto di vista ambientale e prestazionale. Un altro ente certificatore per i detergenti è ICEA[5].

4. Ricorrete ai vecchi "rimedi della nonna"

I detersivi ecologici sono una valida alternativa a quelli tradizionali per rendere più pulite le nostre case, ma se nella dispensa avete a disposizione qualche ingrediente naturale come ad esempio aceto, bicarbonato o limone, provate a preparare delle semplici ricette di detersivi fai-da-te. Seguendo l'esempio delle vostre nonne e armandovi di un po' di sano olio di gomito (che è l'ingrediente più *green* in assoluto) farete brillare e igienizzerete ogni angolo della casa.

La maggior parte delle ricette proposte prevede la combinazione di alcuni ingredienti di base, quali:

Bicarbonato: pulisce le macchie, elimina gli odori, ammorbidisce, fa brillare l'alluminio, elimina il grasso e lo sporco.

Limone: agisce da sbiancante, disinfettante, elimina gli odori e il grasso.

Aceto bianco: sgrassa, rimuove la muffa, elimina gli odori, rimuove le macchie, è un anticalcare.

Amido di mais: per pulire i mobili, i tappeti e le finestre.

Acqua ossigenata: uccide i germi.

Sale: agente di lavaggio naturale.

Oli essenziali: tea tree oil, menta, pompelmo, lavanda, rosmarino. Oltre a profumare naturalmente hanno proprietà disinfettanti.

Sapone di Marsiglia in scaglie o grattugiato: sapone a base vegetale, è un detergente delicato e versatile.

Detergente universale

2 tazze di aceto bianco
2 tazze di acqua
10 gocce di olio essenziale a scelta

Miscelate tutti gli ingredienti in un flacone spray. Riscaldando l'acqua ne aumenterete l'efficacia. Questo detergente è adatto a tutte le superfici dure, pavimenti, vetri e specchi.

Detergente per pavimenti

1 tazza di aceto bianco
1 litro di acqua
2-3 bucce di limone

Lasciate riposare gli agrumi nell'acqua con l'aceto e poi passate lo straccio senza risciacquare. Per una maggior pulizia aggiungete ¼ di tazza di sapone di Marsiglia. In questo caso però risciacquate, poiché il pavimento potrebbe risultare scivoloso.

Scrub delicato e cremoso

2 tazze di bicarbonato di sodio
½ tazza di sapone di Marsiglia
1 tazza di foglie secche di rosmarino o salvia tritate
5 gocce di olio essenziale antibatterico come lavanda, tea tree o rosmarino

Per lo sporco difficile aggiungete una tazza di aceto bianco, che oltretutto rimuove il calcare. Lasciate agire e risciacquate. Conservate il composto rimanente in un barattolo di vetro. Indicato per pulire piani cottura, lavello della cucina e del bagno e per eliminare il calcare nella doccia e nella vasca da bagno.

Detergente per vetri

2 tazze di decotto di melissa
½ tazza di aceto

Miscelate gli ingredienti in un flacone spray. Utilizzando dei vecchi quotidiani farete splendere tutte le finestre e gli specchi della vostra abitazione, lasciando un dolce profumo di melissa.

Detergente per WC

bicarbonato
aceto bianco
acqua ossigenata

Cospargete i lati del WC con il bicarbonato e spruzzate l'aceto. Lasciate agire per qualche minuto, quindi strofinate. Per disinfettare ulteriormente passate su tutto il WC un panno inumidito con acqua ossigenata.

Disgorgante

bicarbonato
aceto
acqua bollente

Per eliminare gli ingorghi nel lavabo del bagno o nel lavello della cucina versate in parti uguali aceto e bicarbonato seguiti dall'acqua bollente. In questo modo oltre che a sturare fastidiose otturazioni degli scarichi, eliminerete, grazie all'aceto, i cattivi odori.

Detergente per tappeti

½ tazza di bicarbonato
1 tazza di amido di mais

Spargete entrambi gli ingredienti sul tappeto. Lasciate riposare per almeno 30 minuti e poi aspirate o sbattete i tappeti. Questa è un'ottima ricetta anche per eliminare macchie di unto e cattivi odori.

Sapone per stoviglie a mano

8 limoni	300 g di sale fino
800 ml di acqua	200 ml di aceto

Fate bollire i limoni, tagliateli a pezzi e frullateli avendo eliminato preventivamente i semi. Versate il tutto nell'acqua aggiungendo l'aceto e il sale. Fate bollire di nuovo il composto mescolando bene fino a ottenere una consistenza morbida. Fatelo raffreddare e versatelo in una bottiglia di vetro. Per altre idee e suggerimenti su detersivi ecologici fatti in casa potete consultare la guida di greenMe: *Detersivi fai-da-te: la guida alle pulizie ecologiche e convenienti* (www.greenme.it).

Sostanze da evitare

APEO: tensioattivi sintetici che degradando formano nonilfenoli, sostanze inquinanti e sospette cancerogene.
EDTA: complessante a biodegradabilità molto lenta.
Glutaraldeide: biocida nocivo per l'ambiente e tossico.
Fosforo e fosfati: hanno effetto eutrofizzante.
Triclosan: antibatterico.
Profumi sintetici: possono contenere ftalati.
Ammoniaca, candeggina, ammorbidenti e sbiancanti.

5. Spolverate con passione ma non inquinate

Spolverare non è proprio nella lista delle attività preferite per trascorrere la giornata, ma se fatto in maniera ecosostenibile, evitando l'uso di spray e panni cattura polvere (tossici e non biodegradabili), usando ad esempio vecchie T-shirt o vecchi calzini (puliti!), anche questo gesto un po' noioso risulterà divertente e soprattutto gratificante. E se volete lucidare i mobili in legno (mi raccomando però che non siano verniciati), strofinateli delicatamente con un panno imbevuto di olio d'oliva e qualche goccia di succo di limone. Se invece volete far splendere l'argenteria provate a passare un po' di dentifricio sui pezzi che avete in casa. Il risultato sarà non solo brillante ma anche sorprendente. Ovviamente poi risciacquate.

6. Eliminate gli odori in modo naturale

Sbirciate tra gli scaffali della cucina e scegliete l'ingrediente adatto. Per togliere quel cattivo odore che proviene dal frigorifero e infesta l'ambiente provate a riporre su uno dei ripiani una tazzina con un po' di bicarbonato: assorbirà gli odori sgradevoli lasciando un delicato profumo di fresco. Per profumare naturalmente gli ambienti, invece, ecco alcune formule di deodoranti autoprodotti.

Deodorante alle spezie

1 stecca di cannella
scorza di arancia o di mandarino

Fate bollire in un pentolino con dell'acqua una stecca di cannella (o altre erbe e spezie che avete in cucina), e delle scorze di arancia o mandarini. La casa si riempirà di un odore delizioso e dolce.

Deodorante spray

2 tazze di acqua calda
2 cucchiai di bicarbonato
5 gocce di olio essenziale di lavanda

Mescolate in un flacone spray e spruzzate.

7. Formiche, scarafaggi e mosche: come scacciarli naturalmente

La prevenzione contro insetti e parassiti è la miglior difesa. Ma può accadere che questi si presentino a casa vostra senza nessun motivo apparente, e allora come combatterli per evitare di dover ricorrere ai tradizionali pesticidi, altamente tossici e inquinanti?

Innanzitutto ordine, pulizia, giusta conservazione degli alimenti e corretta manutenzione della casa, sono alcune delle semplici ed essenziali regole che dovrebbero essere sempre rispettate in ogni abitazione. Ma se nonostante abbiate fatto di tutto per evitarlo questi ospiti decisamente non graditi si sono presentati lo stesso, allora provate con dei rimedi naturali, utilizzando ingredienti che potrete facilmente trovare nella dispensa.

Formiche

Nemici di queste simpatiche e infaticabili lavoratrici sono i peperoncini, la menta secca e il borace. Schiacciate in dosi uguali tutti gli ingredienti in un recipiente, mescolate e cospargete la polvere ottenuta lungo il loro presunto tragitto fino ad arrivare a chiuderne l'ingresso. Anche un bel tè alla menta spruzzato è un ottimo rimedio per farle allontanare.

Scarafaggi

Prendete una bella manciata di foglie di alloro, tritatele e spargetele ovunque vediate uno scarafaggio. Anche l'aglio è un buon alleato contro questi insetti alquanto bruttini. Potreste coltivarne un po' in un vaso e posizionarlo nelle zone solitamente infestate. Oppure un'alternativa è utilizzare una miscela composta da aglio, chiodi di garofano e acqua: frullate, mescolate e spruzzate.

Mosche

Fermatele prima che entrino! Provate a mettere delle bucce di agrumi (limone o arancia) schiacciate sul davanzale delle finestre. Le mosche le odiano e staranno lontane dalla vostra casa.

Semplici suggerimenti per un bucato sempre "verde"

Anche se può sembrare un lavoro di routine, fare il bucato ha un impatto più grande sul nostro pianeta di quanto si possa pensare. Infatti, gran parte dell'energia che consumiamo quotidianamente in casa è quella che viene usata per riscaldare l'acqua dei lavaggi della lavatrice e per eseguire i vari cicli di asciugatura. Tendiamo sempre più spesso ad azionare questi elettrodomestici a qualsiasi ora del giorno, non facendo attenzione alla quantità di detersivo utilizzata o addirittura al carico immesso. Tutto questo si traduce non solo in un enorme spreco di energia elettrica, e di conseguenza in un aumento delle emissioni di anidride carbonica nell'aria per ogni famiglia, ma anche in bollette sempre più salate. E allora per essere sempre efficienti a livello energetico e per evitare shock improvvisi al portafoglio, ecco alcuni semplici suggerimenti per fare un bucato all'insegna della sostenibilità e del rispetto dell'ambiente.

8. Indossate gli indumenti più di una volta

Prima di lanciare i capi di abbigliamento nel cesto dei panni sporchi provate a utilizzarli più di una volta! Ovviamente questo non vale per calzini e biancheria intima, ma avete mai pensato a quanta energia e quanta acqua potreste risparmiare indossando il vostro paio di jeans preferito almeno tre giorni prima di lavarlo? Per mantenere i vestiti puliti, una buona abitudine è quella di cambiarli quando vi apprestate a cucinare o a fare qualche lavoretto domestico. E quando lo fate appendete gli abiti nell'armadio invece di lasciarli in giro per casa: in questo modo non accumuleranno polvere. Inoltre lavare meno i vostri capi di abbigliamento farà sì che si usurino meno velocemente.

9. Sostituite le lavatrici del secolo scorso con quelle Energy Star[6]

Questo marchio indica che si sta utilizzando un prodotto ad alta efficienza energetica. Sostituendo il vostro esemplare storico di lavatrice con uno A++ risparmierete almeno la metà di elettricità e di acqua.

10. Usate la lavatrice a pieno carico, a basse temperature e nelle ore serali

Facendo attenzione a non sovraccaricarla, riempite la lavatrice fino alla sua massima capienza (risparmierete sul detersivo e sarete sicuri che l'elettrodomestico stia funzionando alla sua massima efficienza). Utilizzate solo temperature basse per il lavaggio, infatti più l'acqua è calda e maggiore sarà il consumo energetico. Cercate di azionare la lavatrice solo nelle ore serali oppure nelle giornate festive, durante le quali le tariffe sono più convenienti e si consuma meno energia.

11. Utilizzate detersivi ecologici e alla spina

Privi di fosfati, nemici indiscussi delle acque, i detersivi ecologici sono biodegradabili e per la maggior parte a base di ingredienti naturali e di origine vegetale.

Come per i prodotti per la pulizia della casa, anche i detersivi convenzionali per il bucato possono contenere ingredienti nocivi alla salute, ai vestiti e agli ecosistemi acquatici, dove l'acqua sporca dei lavaggi va a finire. Vietati dalla Commissione europea dal primo gennaio 2013[7], i fosfati nei detersivi per il bucato sono la causa principale della proliferazione delle alghe nelle acque dei laghi, dei fiumi e di conseguenza del mare, che porta inevitabilmente alla morte di pesci e di altre specie marine in quanto vengono private dell'ossigeno necessario a sopravvivere.

A tutto questo aggiungete il mix di profumi sintetici, ammorbidenti e sbiancanti, tutte sostanze chimiche che possono rappresentare una minaccia per voi che poi indossate gli indumenti, teoricamente lavati. In effetti l'esposizione a questi composti può causare reazioni cutanee e respiratorie, o portare a conseguenze più gravi come cancro, avvelenamento e problemi neurologici e riproduttivi.

Questo non vuol dire però che dovete smettere di fare il bucato: basta cambiare qualche piccola abitudine, perché anche una sola modesta azione quotidiana può fare la differenza. Smettete di acquistare i soliti detersivi più commerciali, e sceglete soluzioni *eco-friendly* e sicure. Come nel caso dei detergenti per la casa, controllare le etichette sulla confezione è una pratica necessaria: state alla larga da fosfati, cloro, tensioattivi e andate invece alla ricerca di saponi certificati con il marchio Ecolabel o ICEA, realizzati con ingredienti a base vegetale e ovviamente biodegradabili. Se possibile acquistateli alla spina eliminando così il problema dello smaltimento degli imballaggi. Il prezzo non cambia! Infatti potete trovare molti detersivi ecocompatibili allo stesso costo dei detergenti convenzionali.

12. Fate il bucato in modo naturale: noci di sapone e detersivi fai-da-te

Un'alternativa ai detersivi ecologici sono le noci di sapone, frutto dell'albero *Sapindus mukorossi* (noce del sapone) tipico dell'India e del Nepal, che produce questi frutti tondi la cui parte esterna contiene la saponina, ovvero una sostanza detergente che si comporta come un sapone sciogliendosi a una temperatura di 40 gradi. I frutti vengono raccolti da secoli per essere utilizzati come noci da bucato, per decotti di sapone liquido e per estratti. Sono naturali al 100 per cento e dunque totalmente biodegradabili. Inoltre hanno anche proprietà ammorbidenti e non provocano allergie a chi ne è soggetto. Le noci non fanno schiuma, vengono inserite direttamente nel cestino della lavatrice, possono essere utilizzate per più di un lavaggio e sono in commercio a un prezzo più che ragionevole.

Per chi preferisce optare per i preparati casalinghi, innanzitutto eliminate candeggina e ammorbidente (in questo modo già avrete risparmiato denaro e un bel po' di sostanze tossiche) e provate a sostituirli con succo di limone e aceto bianco, per rimuovere le macchie più ostinate, e con una tazza di bicarbonato per ammorbidire naturalmente il vostro bucato. E ora cimentatevi nell'arte di creare da soli un profumatissimo, naturale ed efficace detersivo per il bucato fatto in casa[8].

Sapone liquido per bucato

2 tazze di sapone di Marsiglia grattugiato
2,5 litri di acqua calda
2 tazze di soda per il bucato
olio essenziale a scelta

Mettete il sapone grattugiato in una casseruola con acqua e coprite. Scaldate a fuoco basso e mescolate fino a quando il sapone non si è sciolto. Versate l'acqua calda in un recipiente grande, aggiungete il sapone sciolto e la soda. Mescolate molto bene e aggiungete qualche goccia del vostro olio essenziale preferito. Versate il sapone così ottenuto in un flacone riciclato. Utilizzate ¼ di tazza per ogni lavaggio.

Detersivo in polvere

1 tazza di aceto bianco
1 tazza di bicarbonato di sodio
olio essenziale a scelta
¼ di tazza di sapone di Marsiglia
1 tazza di soda

Grattugiate finemente il sapone di Marsiglia in un recipiente. Aggiungete un po' per volta la soda, il bicarbonato e l'aceto. Mescolate bene. La miscela inizialmente risulterà una pasta, che pian piano si scomporrà in un detersivo in polvere continuando a mescolare. Nel caso si formino dei grumi mescolate bene cercando di romperli. Conservate il detersivo in un barattolo di vetro e usatene ½ tazza a ogni lavaggio.

13. Asciugate all'aria aperta

Stop all'asciugatrice! Lasciate asciugare i vostri vestiti all'aria aperta. Non c'è nulla di più soddisfacente che un bucato steso al sole. Se non fosse possibile per problemi di forte inquinamento da smog nell'aria nella vostra zona, optate per l'acquisto di asciugatrici ad alta efficienza energetica.

Marchi, prodotti e negozi on line

Allegronatura (www.allegronatura.it)
È così (www.ecosi.it)
Ecover (www.ecover.com)
Esselunga (www.esselunga.it)
Natyr noci di sapone (www.altromercato.it)
Officina Naturae (www.officinanaturae.com)
Safylla (www.altromercato.it)
Sonett (www.sonett-on line.de)
Tea Natura (www.teanatura.com/)
Vivere Verde Coop (www.e-coop.it)

Eco-food

Vantaggi di una cucina casalinga

Cosa c'è di più gratificante e genuino di un buon pasto cucinato con le proprie mani, con ingredienti selezionati e soprattutto con tanto amore e creatività? Cucinare per se stessi e per la famiglia è una buona abitudine che tutti dovremmo adottare, in quanto ci aiuta a perdere peso, a mantenerci in salute ed è decisamente molto divertente, oltre a essere un ottimo rimedio per salvaguardare il pianeta e i nostri risparmi. E allora vediamo perché è meglio preferire una cucina casalinga al ristorante o al cibo take-away.

14. Per uno stile di vita sano ed equilibrato

I cibi consumati nei ristoranti sono troppo spesso molto grassi e calorici, per non parlare poi di quelli pronti o confezionati che, oltre a essere particolarmente conditi, sono anche pieni di additivi conservanti. Mangiare a casa e preparare i pasti con le proprie mani significa anche ridurre la quantità di grassi e condimenti presenti nelle ricette. Controllando la quantità di sale, sostituendo il burro con l'olio, cuocendo le verdure al vapore invece di friggerle si riduce la possibilità di un aumento del peso e la comparsa di malattie legate al consumo di cibo troppo pesante (colesterolo, malattie cardiache, diabete ecc.). Inoltre cucinare a casa vuol dire anche pianificare il menu della settimana, cosa che vi aiuterà non solo a farvi risparmiare tempo e denaro ma anche a creare dei pasti in cui ci sia il giusto equilibrio tra proteine, carboidrati, grassi, vitamine e sali minerali, essenziali per l'organismo. E per chi ha deciso che è ora di mettersi a dieta, limitando le cene o i pranzi al ristorante eviterete la tentazione di ordinare cibi fritti o particolarmente elaborati.

15. Per risparmiare un po'

Cucinare con ingredienti crudi, biologici, selezionati e acquistati nei negozi locali (cosicché non dovrete pagare anche il conto per il trasporto) e soprattutto di fiducia, è un toccasana non solo per la salute ma anche per il portafoglio. Un pasto completo per tutta la famiglia cucinato con gli alimenti giusti vi farà risparmiare molto più denaro rispetto a un pasto consumato al ristorante o acquistato pronto alla rosticceria sotto casa. Un consiglio, però: non comprate cibo alla rinfusa ma fate una spesa intelligente e pianificata dando prima un'occhiata nel frigorifero. Perché cestinare le verdure che iniziano ad ammorbidirsi se potreste riutilizzarle per preparare un buon brodo? A che serve comprare ancora della frutta se ne avete di matura nel frigo da trasformare in ottimi frullati?

16. Per evitare pericolose intossicazioni

Pensate a cosa non volete trovare sulla vostra tavola per cena: ad esempio batteri, virus, parassiti e agenti tossici quali pesticidi e funghi, giusto? Quando si cucina a casa propria c'è più controllo sul cibo che viene ingerito. È noto infatti che la maggiore causa delle intossicazioni alimentari, e quindi dell'avvelenamento da cibo provocato da questi agenti infettivi, è dovuta all'abitudine di mangiare pasti pronti a portar via o consumati nei ristoranti, dove spesso non vi è un'adeguata attenzione all'igiene, i cibi non vengono conservati correttamente o la frutta e la verdura vengono lavate male. Ma non solo, anche l'acquisto di alimenti a buon mercato e non selezionati può provocare un avvelenamento. Ovviamente tutto questo può essere evitato se la preparazione dei piatti avviene nella propria cucina, dove generalmente si dedica più attenzione ad esempio al lavaggio delle verdure, alla cottura della carne, del pesce e delle uova, ma anche a cosa si acquista, selezionando e controllando i prodotti alimentari preferibilmente biologici e di stagione.

17. Per rimanere in forma

Nei ristoranti si tende a mangiare di più: molto spesso infatti le portate sono più grandi di quelle di cui effettivamente abbiamo bisogno. Mangiare a casa significa anche controllare le porzioni consumandone la giusta quantità, evitando così non solo sprechi di cibo ma anche l'aumento del peso. Questo non vuol dire però porzioni meno abbondanti ma più caloriche! Anche la cottura a vapore, alla griglia o alla piastra e con pochi condimenti vi aiuterà a restare in forma.

18. Per divertirsi e arricchire la vostra vita

Preparare i pasti in casa e sperimentare nuove ricette è anche un'occasione per trascorrere del tempo con la propria famiglia conversando e cercando di divertirsi. Quando il cibo è preparato con calma e con amore può essere un beneficio sia per il fisico che per l'anima. Mangiare con i propri figli seduti a tavola è anche un ottimo metodo per educarli su argomenti quali il risparmio energetico e il mangiare sano, o per coinvolgerli nella preparazione dei piatti. Portare i bambini a fare la spesa nelle aziende agricole, dove potranno vedere da dove realmente provengono gli ingredienti di ciò che mangeranno, sarà un meraviglioso regalo che farete alle generazioni future, alle quali insegnerete uno stile di vita sano ed ecosostenibile.

Di seguito alcuni consigli pratici per fare la spesa in modo intelligente.

Pianificando i pasti della settimana potrete fare un elenco dettagliato degli alimenti da acquistare. In questo modo eviterete di comprare più cibo di quello che effettivamente mangerete riducendo la possibilità che vada a male.

Preferite i *farmer's market*[9] ai grandi supermercati, dove potrete acquistare prodotti genuini, biologici e ovviamente frutta e verdura solo di stagione.

Sul sito www.campagnamica.it potrete trovare le aziende agricole italiane in cui acquistare, direttamente senza intermediazioni, cibi di qualità a un giusto prezzo.

Amate i vostri avanzi: dopo aver investito il vostro tempo, il vostro denaro e la vostra energia in cucina, perché buttare ciò che è rimasto in tavola? Provate a riciclare gli avanzi con un po' di fantasia, e se proprio non siete amanti del cibo riscaldato allora dimezzate le ricette.

Compostate! Se avete un giardino (o un balcone) attrezzatevi per il compostaggio. Non è necessario buttare i rifiuti alimentari nella discarica: trasformateli invece in concime organico per nutrire la terra e le piante.

Invitate i vostri amici a cene o pranzi in casa piuttosto che al ristorante o in pizzeria. Potrete non solo rilassarvi trascorrendo dei bei momenti insieme, ma ognuno potrà sperimentare nuove ricette o cimentarsi nella preparazione del suo piatto preferito.

Qualche numero

Nel 2007 sono state denunciate nell'Unione Europea 5609 epidemie alimentari, la maggior parte delle quali ha colpito più di una famiglia, e più spesso gli alimenti contaminati sono stati consumati presso punti di ristorazione collettiva (come bar, ristoranti, alberghi, case, mense, scuole e ospedali[10]).

Consigli per una dieta sana e sostenibile

Mangiare è forse l'attività in cui quotidianamente ci impegniamo con più volontà, entusiasmo e gusto. Purtroppo però le scelte alimentari che facciamo ogni giorno hanno un profondo effetto sull'ambiente, perché dal produttore al consumatore il cibo attraversa molte fasi del processo produttivo in cui vengono utilizzate enormi quantità di energia, acqua e prodotti chimici.

E se decidessimo di fare qualche cambiamento alle nostre abitudini alimentari e di acquisto, riducendo notevolmente il nostro impatto sull'ambiente? Senza stravolgere completamente la nostra vita, ma adottando qualche piccolo accorgimento nella dieta alimentare, non solo potremmo ridurre l'inquinamento e il rischio del riscaldamento globale ma contemporaneamente aiuteremo noi stessi a restare in forma con cibi più freschi e genuini. Vediamo allora nello specifico cosa possiamo fare per adottare una dieta più sana e sostenibile.

19. Abbonatevi al biologico

Perché? Perché mangiare cibo proveniente da agricoltura biologica vuol dire alimentare l'organismo con prodotti più veri e più nutrienti. Gli alimenti biologici infatti hanno maggiori contenuti di vitamine, sali minerali, antiossidanti, ferro e calcio.

Ortaggi, frutta, verdura, cereali, vino, birra sono coltivati e prodotti senza l'uso di pesticidi, sostanze chimiche di sintesi (concimi, diserbanti, anticrittogamici, insetticidi, pesticidi in genere) né organismi geneticamente modificati (OGM)[11]. Questo vuol dire ridurre il rischio di esporre il corpo a composti chimici tossici e dunque dannosi alla salute, soprattutto a quella dei bambini i cui organi sono molto più sensibili alle tossine rispetto a quelli degli adulti.

Mangiare biologico significa mangiare cibo coltivato in ambienti dove i lavoratori non sono esposti a sostanze chimiche pericolose, dove la fertilità del terreno è garantita grazie alla pratica della rotazione delle colture, grazie all'uso di fertilizzanti naturali (in particolare il compost) e dove c'è una salvaguardia della biodiversità, dell'ambiente e della fauna circostante.

Ricordatevi però di fare sempre attenzione alle etichette. Dal 2010 la Commissione europea con il Regolamento (UE 271/2010) ha disposto un nuovo logo che dà ai consumatori la sicurezza riguardo l'origine e la qualità degli alimenti, assicurandone la conformità con il Regolamento UE sull'agricoltura biologica[12].

20. Agricoltura biodinamica: perché non provarla?

Considerata oggi uno dei più moderni e sostenibili sistemi di agricoltura, la coltivazione biodinamica è stata elaborata dal dottor Rudolf Steiner, padre della pedagogia steineriana oltre che della medicina antroposofica, ed è un metodo di coltivazione molto diverso da quello tradizionale ma simile all'agricoltura biologica, perché, come questa, bandisce sostanze chimiche e OGM, garantendo il benessere del suolo e delle piante e favorendo la fertilità del terreno attraverso la rotazione delle colture e l'utilizzo di fertilizzanti naturali quali il compost, producendo cibo di ottima qualità e rispettando allo stesso tempo le piante e gli animali. Si differenzia da quella biologica perché considera gli astri, e soprattutto la luna, come elementi determinanti e influenti sulla vita terrena e sul suo ciclo. La Terra viene concepita come un essere vivente, e infatti con il metodo biodinamico l'agricoltura è in sintonia con la natura, con la Terra e con gli uomini.

Per proteggere i consumatori e quindi per garantire la qualità dei prodotti ottenuti attraverso la coltivazione biodinamica, questi sono identificati sul mercato dal logo "Demeter"[13] e coprono tutta la gamma agricola alimentare sia fresca che trasformata. Dunque attenti, anche in questo caso, alle etichette.

21. Coltivate il vostro orto

Un ottimo rimedio per mangiare naturale, sano e spendere poco, è quello di coltivare un orto sul proprio balcone o ancor meglio, per chi lo possiede, nel proprio giardino. Oltre ai benefici del giardinaggio e quindi dello stare all'aria aperta, e della soddisfazione di aver creato qualcosa con le proprie mani, avrete la possibilità di mettere sulla tavola del cibo coltivato secondo i vostri metodi e dunque altamente controllato, di qualità e decisamente a chilometri zero. Anche uno spazio piccolo è sufficiente per un orto molto produttivo: utilizzando dei vasi sul vostro terrazzo potreste facilmente far crescere pomodori, fragole, erbe aromatiche, insalata, peperoncini, aglio, cipolla e perché no delle gustosissime zucchine o melanzane: l'importante è che ci sia una buona esposizione alla luce, della terra adatta (potreste procurarvene un po' in campagna), un buon concime organico, un calendario per la semina e per la raccolta e naturalmente tanta buona volontà e tempo.

Appena avrete un po' di esperienza potreste divertirvi a impollinare le vostre piante e a far crescere qualche specie rara, che sicuramente non troverete nei mercati locali.

Un'interessante guida da consultare per iniziare il vostro orto è *Orti urbani: coltivare l'orto sul balcone* di greenMe (www.greenme.it), dove potete trovare consigli e suggerimenti per coltivare frutta, verdura, ortaggi, spezie e tutto ciò di cui avete bisogno per una tavola piena di colori e sapori.

22. Comprate prodotti locali e di stagione

Comprate direttamente dal contadino e solo frutta e verdura di stagione! Fare la spesa presso aziende agricole della zona o presso i *farmer's market* è più sano per la salute e per l'ambiente in cui viviamo. I prodotti sono di alta qualità e a prezzi più bassi, poiché vengono eliminati tutti i passaggi che vanno dalla produzione alla vendita; l'impatto ambientale si riduce perché acquistando prodotti locali si eliminano le emissioni di anidride carbonica nell'aria, dovute al trasporto e agli imballaggi. Infatti la maggior parte degli alimenti percorre migliaia di chilometri prima di arrivare sulla tavola, e questo si traduce in enormi quantità di CO_2 emesse.

Il cibo locale a chilometri zero e di stagione, avendo viaggiato di meno ed essendo per questo meno conservato, è più sano e ovviamente più gustoso. Inoltre spendere per acquistare prodotti regionali significa anche contribuire a mantenere in vita le piccole comunità agricole della zona, dunque aiutare a far sopravvivere il sapore dei prodotti regionali e nazionali. E volete rinunciare al piacere di fare due chiacchiere con il contadino, a cui potreste fare tutte le domande che volete relative ad esempio alle tecniche di coltivazione, alla qualità di fertilizzanti o pesticidi usati, alla selezione dei prodotti coltivati?

23. Mangiate la carne in modo intelligente

Mangiare meno carne è uno dei primi passi verso un sistema alimentare ecosostenibile e decisamente più sano. La produzione di carne destinata al consumo di massa è una delle principali cause del cambiamento climatico, e di conseguenza d'inquinamento ambientale. L'allevamento del bestiame infatti rappresenta, secondo un rapporto della FAO del 2006, il 18 per cento delle emissioni di gas serra del mondo[14]. Questo perché gli allevamenti intensivi richiedono l'utilizzo di vaste distese di terra e di enormi quantità di acqua, per non parlare di quello di fertilizzanti, pesticidi e concimi chimici per il mangime, nonché il consumo di molto carburante per il trasporto e per le macchine agricole.

Anche il letame fa la sua parte. La concentrazione di tantissime tonnellate di questo rifiuto di origine animale, che produce a sua volta enormi quantità di anidride carbonica, azoto e metano, va a inquinare le acque dei fiumi, degli oceani e ovviamente l'aria.

La carne può essere una buona fonte di proteine, vitamine e ferro. Ma mangiarne troppa, in particolare carne rossa o carne elaborata (salsicce o salumi), può provocare dannosi problemi alla salute quali obesità, malattie cardiache, diabete e aumento del colesterolo. Secondo diversi studi condotti dalla WCRF esiste un collegamento tra il consumo eccessivo di carni rosse e tumore al colon e cancro all'intestino[15]. Premesso questo, per una dieta *green* e nutriente basta seguire pochi semplici consigli.

Diminuite il consumo di carne, ne bastano 500 grammi a settimana.

Comprate solo carni allevate in aziende agricole locali in

maniera biologica e sostenibile. Infatti solo così potrete avere la sicurezza che gli animali non sono alimentati con ormoni, mangimi OGM o con cibi contenenti pesticidi e fertilizzanti, e che vivono in un ambiente più sano e che sono lasciati pascolare all'aria aperta, in spazi sufficienti al loro fabbisogno fisico.

Mangiate carne locale, evitando di acquistare carne estera e aumentando in questo modo le emissioni di CO_2 nell'atmosfera causate dal trasporto.

24. Pesce: quale lasciare nel mare?

Alleato dei bambini, alimento prezioso della nostra dieta, fedele alleato contro l'ictus perché contiene Omega 3, fonte di proteine di elevata qualità, di fosforo, selenio e ferro, è opportuno consumarlo almeno due volte alla settimana. Ma come scegliere il pesce migliore?

O meglio, come possiamo comportarci nei confronti del pesce, quale possiamo mettere nel piatto e quale invece è meglio lasciare nel mare?

Può sembrare strano ma anche quando si entra dal pescivendolo di fiducia è essenziale leggere le etichette, che devono riportare tutte le informazioni relative al pesce: nome; luogo di provenienza; se pescato o allevato; come è stato pescato e come è stato allevato.

Una volta chiarito questo, informatevi preventivamente o chiedete direttamente al pescivendolo se il pesce:

Ha un ciclo di vita breve o duraturo (meglio preferire un pesce che ha una vita breve rispetto a uno che ci mette più anni per arrivare all'età adulta).

Se si tratta di una specie a rischio, evitando così di contribuire all'estinzione.

Se l'allevamento da cui proviene è intensivo, con tutte le conseguenze che questo comporta.

Acquisite tutte le informazioni necessarie acquistate pesce di stagione, che non si trova quindi in fase riproduttiva e, non c'è bisogno di dirlo, solo pesce nostrano, che non ha percorso migliaia di chilometri in aereo o su strade.

Il Paese di provenienza del pesce è indicato con un codice stabilito dalla FAO:

21: Atlantico nord occidentale.
27: Atlantico nord orientale.
37: mar Mediterraneo.
51-57: Oceano Indiano.

Relativamente al pesce di stagione, potete trovare:

Inverno: triglia, sarago, sardina, ricciola, pagello, alice, rana pescatrice, palamita, sgombro, vongola verace, rombo chiodato, polpo, seppia, lampuga.

Primavera: sugarello, sgombro, gallinella, spigola, sarago, leccia, palamita, pagello.

Estate: sugarello, sogliola, orata, ricciola, spigola, gallinella, sarago, sardina, alice.

Autunno: alalunga, spigola, triglia, rombo chiodato, gallinella, lampuga.

Tutto l'anno: cefalo, marmora, zerro, occhiata.

Un altro suggerimento è quello di evitare pesci troppo piccoli. Infatti alcuni pesci, molluschi e crostacei non possono essere pescati e venduti per legge se al di sotto di una certa taglia proprio per proteggere le risorse ittiche, ma non sempre questo viene rispettato nella pesca. Comprare e mangiare pesce in età giovane significa ostacolarne la riproduzione. Per essere preparati quando vi trovate di fronte al banco, ecco le taglie minime:

Gambero rosa: 2 cm con testa.
Capasanta, sardina, scampo, triglia: 11 cm.
Sgombro: 18 cm.
Marmora, nasello, sogliola: 20 cm.
Sarago: 23 cm.
Occhialone: 33 cm.

Alcuni pesci sono invece in grave pericolo di estinzione o sono frutto di allevamenti intensivi e non sostenibili, per questo dobbiamo cercare di *non* comprarli:

Salmone
Le scorie prodotte in un anno da un allevamento di duecentomila salmoni sono pari ai liquami di una città di oltre sessantamila persone. I salmoni sono nutriti con mangimi che possono contenere antibiotici. Quello selvaggio nell'Atlantico è in estinzione e quello nel Pacifico è in grave pericolo di estinzione.

Tonno rosso
Sta scomparendo. La pesca pirata è molto diffusa e quella legale è troppo intensiva, e spesso viene prolungata solitamente fino ad arrivare a quattro mesi invece dei soliti due.

Gamberi tropicali
Allevati in Asia, Vietnam, Thailandia, Indonesia e America latina, hanno un forte impatto sugli habitat costieri, dove vengono distrutte foreste con tutti i disastri che ne derivano.

Pesce spada
Si ammala con facilità, la riproduzione è in declino e la pesca mirata ne sta peggiorando le condizioni.

Datteri di mare
Ne è vietata la pesca.

Cernia

Sta scomparendo nei nostri mari a causa della pesca sportiva subacquea.

Merluzzo dell'Atlantico

Sovrasfruttato o a rischio di sfruttamento. Il merluzzo si riproduce solo dopo molti anni di vita e questa sua caratteristica unita alla pesca intensiva ne sta provocando l'estinzione.

25. Adottate una dieta più ricca di frutta, verdura e cereali

Mangiare tutti gli alimenti presenti nella parte più bassa della piramide alimentare, quindi tanta frutta, verdura e cereali, limitando il consumo di carne, uova e latticini (presenti al vertice della piramide), vuol dire nutrirsi in modo sano e in maniera ecosostenibile. Seguire una dieta alimentare basata su un maggiore consumo di prodotti di origine vegetale, limitando o addirittura eliminando quelli di origine animale, significa contribuire a ridurre il nostro impatto sull'ambiente, diminuendo i rischi di cambiamenti climatici e di inquinamento, poiché per la produzione di carne vengono impiegati dieci volte più combustibili fossili rispetto alla produzione di vegetali. Per non parlare del consumo di acqua. Ma non solo, mangiare più frutta, verdura e cereali aiuta a salvaguardare la nostra salute in generale. Di seguito alcuni buoni motivi:

Frutta e verdura contengono molta acqua, vitamine, sali minerali e fibre essenziali per l'organismo, e aiutano a ridurre il rischio di malattie croniche quali diabete, cancro, ictus, colesterolo ecc.

Frutta e verdura hanno bassi contenuti di calorie, di conseguenza aiutano a rimanere in forma e non aumentare il peso corporeo;

Cereali, soprattutto integrali, aiutano a mantenere un buon livello di energia e dunque ad affrontare meglio la giornata, a tenere lontana la depressione e a dormire meglio, essendo una ricca fonte di fibre, molto importanti per la digestione[16].

Agricoltura biologica

L'agricoltura biologica in Europa è stata regolamentata per la prima volta a livello comunitario nel 1991 con il Regolamento (CEE) n. 2092/91 relativo al metodo di produzione biologico di prodotti agricoli e all'indicazione di tale metodo sui prodotti agricoli e sulle derrate alimentari. Solo nel 1999 con il Regolamento CE n. 1804/99 sono state normate anche le produzioni animali. Nel giugno del 2007 è stato adottato un nuovo regolamento CE per l'agricoltura biologica, Reg. CE n. 834/2007, che abroga i precedenti ed è relativo alla produzione biologica e all'etichettatura dei prodotti biologici sia di origine vegetale che animale (compresa l'acquacoltura).

Anche agli allevamenti biologici si applicano le norme dell'Unione Europea contenute nei Regolamenti CE n. 834/07 n. 889/08.

Eco-benessere

I benefici di una vita sana

Esercizio fisico, cibo genuino, sonno profondo e relax sono i partner ideali per rimanere il più possibile sani e in salute.

26. Benefici del sonno: dormire fa bene a noi stessi e al pianeta

> Le persone non possono sopravvivere a lungo
> senza aria, acqua e sonno.
> THOMAS STEPHEN SZASZ

Dormire sette o otto ore a notte fa bene alla salute, migliora l'umore, aumenta la produttività e aiuta a salvare l'ambiente. Diversi studi hanno dimostrato infatti che avere un sonno disordinato (svegliarsi troppo presto o andare a letto troppo tardi) e dormire poche ore a notte (cinque o sei ore), induce il corpo a produrre ormoni (come il cortisolo, ovvero quello che causa stress) e sostanze chimiche dannose per l'organismo che possono "avvelenare" la salute cardiovascolare e quindi aumentare il rischio di infarto e ictus. Ma non solo: la mancanza di sonno aumenta i livelli di un ormone chiamato grelina, che è quello che regola la sazietà aumentando di conseguenza l'appetito, il peso corporeo e provocando pertanto tutte le malattie legate a questo.

Inoltre dormire le giuste ore di sonno aiuta a salvaguardare l'ambiente. Dopo tutto quando dormiamo non consumiamo energia: non guidiamo in giro per la città, teniamo le luci spente e, se siamo dei bravi risparmiatori, durante la stagione invernale abbassiamo o addirittura spengiamo i riscaldamenti. Dunque dormire di più fa bene a noi stessi e al pianeta[17]. Ma se il nostro peggior nemico è proprio il sonno? Non pensateci e seguite questi semplici efficaci consigli:

Cercate di andare a dormire e svegliarvi tutti i giorni alla stessa ora anche durante il weekend o nei giorni liberi e di vacanza. Questa coerenza nelle abitudini del sonno rafforza il ciclo corporale sonno/veglia e aiuta a dormire meglio. Se però non riuscite ad addormentarvi subito non rimanete a rigirarvi nel letto, piuttosto alzatevi e fate qualcosa di rilassante.

Mantenete la vostra stanza da letto a una temperatura confortevole abbassando la temperatura durante la notte (16-18 gradi è l'ideale) e ventilate la camera durante il giorno, per migliorare la qualità dell'aria.

Fate regolarmente esercizio fisico, preferibilmente nelle ore pomeridiane, magari dopo l'orario di lavoro. L'attività fisica è una delle migliori difese contro l'insonnia, perché aumenta l'ampiezza dei nostri ritmi quotidiani e dunque aiuta a farci dormire meglio. Inoltre un corpo in buona forma fisica dorme meglio di quello che non lo è.

Spengete tutti i dispositivi elettronici almeno un'ora prima di andare a dormire: la melatonina, l'ormone del sonno, è sensibile alla luce anche ai livelli più bassi come quella che viene emessa dalla TV, dallo schermo del PC e persino dal lampeggiare dello smartphone.

Fate passeggiate all'aria aperta. Cosa c'è di meglio per la nostra mente e il nostro corpo se non un po' d'aria fresca ogni giorno? Basta anche solo dedicare una decina di minuti del vostro tempo per fare una rinfrescante camminata al parco o, perché no, per un po' di sano giardinaggio.

Mangiare cereali integrali, legumi, frutta e verdura fresca tutte le sere prima di andare a dormire vi aiuterà a rilassare l'organismo e di conseguenza ad addormentarvi con più facilità. Infatti i cereali e i legumi hanno un effetto calmante sul sistema nervoso, oltre a essere più facilmente digeribili. Una bella zuppa calda di cereali o una ricetta a base di verdure cotte al vapore, per cena, è l'ideale per sonni profondi e calmi; povera di grassi e ricca di fibre, eviterà all'organismo di spendere troppa energia per la digestione e quindi lo aiuterà a rilassarsi più in fretta. Non sgranocchiate dolcetti dopo cena! Farà solo aumentare il livello di zuccheri elaborati, che potrebbero tenere lontano il sonno. Sostituiteli invece con una buona mela che soddisferà la vostra golosità ma in modo naturale.

Evitate alcool e caffeina e optate per una rilassante tisana biologica calda, alle erbe come camomilla, melissa, lavanda, valeriana oppure menta, perfetta per la digestione e per calmare lo stomaco.

Liberate la mente, cercate di non pensare agli avvenimenti della giornata appena trascorsa o a tutto ciò che dovrete fare in quella che verrà. La parola d'ordine è relax! Fate un bagno (ancor meglio una doccia calda), massaggiate gambe o piedi, leggete un libro o ascoltate dell'ottima musica, che calmerà i vostri nervi e vi farà sprofondare in un sonno accogliente e salutare.

27. In forma: come fare esercizio fisico rispettando l'ambiente

Fare esercizio fisico è una delle chiavi per la felicità, infatti normalmente le persone che fanno attività sportiva sono più sane, hanno più energia, dormono e lavorano meglio. Tenere in movimento il proprio corpo quotidianamente (o almeno più di una volta alla settimana) non solo aiuta a bruciare calorie, e dunque a rimanere in forma, ma potenzia la muscolatura, migliora la flessibilità delle articolazioni (e di conseguenza aumenta l'agilità del corpo), rafforza il cuore, diminuisce la stanchezza e per ultimo, ma non meno importante, tiene lontana la depressione.

Iscriversi in palestra e frequentarla più volte alla settimana può essere un buon rimedio per fare dello sport, ma avete mai pensato a quanta energia consuma anche la più semplice sala pesi? Tapis roulant, cyclette, pedane vibranti sono degli enormi divoratori di energia elettrica. Basta un colpo d'occhio per notare che la maggior parte degli attrezzi per l'allenamento è collegata a spine di ogni genere. E allora perché andare in palestra se ci sono modi più intelligenti e magari anche più divertenti per allenarsi, oltretutto in maniera decisamente ecosostenibile?

Allenatevi a casa con creatività

Allenarsi a casa è facile e conveniente. Cosa c'è di più comodo se non fare esercizi senza allontanarsi dal proprio soggiorno? Basta scaricare qualche programma di fitness dal web oppure guardare un video. Pensate di non poterlo fare perché vi manca l'attrezzatura? Guardatevi un po' intorno e troverete molte cose da utilizzare: barattoli di sugo, di conserve o bottiglie di acqua da usare come pesi, libri accatastati per costruire uno step, una vecchia corda per saltare e addirittura una sedia da utilizzare per rafforzare i tricipiti. E per evitare che diventi solo un'attività occasionale, create nella vostra casa un angolo per lo sport, con tanto di tappetino e cyclette.

Fate una bella passeggiata all'aria aperta

Correre, andare in bicicletta o camminare velocemente, anche solo per quindici minuti al giorno, intorno al vostro quartiere o ancora meglio al parco sotto casa, potrebbe essere un ottimo allenamento a basso impatto ambientale, che vi aiuterà a bruciare calorie, a migliorare la frequenza cardiaca e a tonificare i muscoli. E se volete perfezionare la vostra passeggiata: state dritti, piegate i gomiti ad angolo retto, rilassate le mani, fate passi avanti ruotando il braccio opposto piegato di fronte a voi.

Migliorate il vostro pollice verde

L'impegno necessario per piantare o diserbare, falciare o irrigare il giardino, e dunque piegare le gambe, rimanere per diverso tempo in ginocchio e rialzarsi più volte vi farà bruciare all'incirca trecento calorie l'ora[18], rafforzando contemporaneamente i muscoli delle gambe. E non basta, pensate alla fatica che devono fare le vostre braccia per strappare le erbacce.

Ricordatevi però di mantenere sempre una postura corretta. Infatti se avete deciso che correre o camminare, nuotare o andare in bicicletta non fa proprio per voi, e che la soluzione per rimanere attivi e in forma è il giardinaggio, almeno cercate di usare i muscoli nel modo giusto, ad esempio piegandovi e non abbassandovi!

Inoltre cosa c'è di più soddisfacente se non fare esercizio e contemporaneamente sviluppare il pollice verde in totale armonia con la natura?

Cambiate le vostre abitudini

Se siete una di quelle persone che "proprio non riesce a trovare il tempo", allora provate a cambiare un po' alla volta le vostre abitudini. Invece di salire in macchina per sbrigare ogni tipo di commissione, camminate! Camminate per andare alla posta o in banca, camminate per andare a fare spesa oppure usate la bicicletta, che oltre a ridurre le vostre emissioni quotidiane di CO_2 vi aiuterà a migliore le articolazioni. Non poltrite sul divano la domenica, ma fate passeggiate all'aria aperta, escursioni in campagna o dei giri per il quartiere, e perché no per la città! Vi farà bruciare calorie e aumentare la resistenza in modo *eco-friendly* diminuendo allo stesso tempo il vostro impatto sull'ambiente!

In palestra in modo ecosostenibile

Ma se andare in palestra è l'unico modo per motivarvi a fare dello sport, fatelo in maniera ecoconsapevole, come ad esempio regolando il tapis roulant in modo da non consumare troppa energia, non comprando acqua ma bevendo quella del rubinetto in bottiglie riutilizzabili, oppure evitando docce troppo lunghe. E perché non consigliare al proprio centro di fitness l'installazione di macchinari che invece di consumare energia la generano, studiati per immagazzinare l'energia prodotta da chi vi suda sopra[19]?

Un po' di numeri

1500 watt: energia consumata da un tapis roulant in media.

0,75 kilowattora: energia utilizzata per trenta minuti su un tapis roulant.

907 g circa: quantità di $CO2$ emessa nell'aria per una seduta di almeno trenta minuti di allenamento[20].

28. Rimedi naturali contro lo stress

Preoccupati per il lavoro, per un rapporto tormentato, per decisioni che non riuscite a prendere? Attenti, troppe preoccupazioni potrebbero permettere allo stress di prendere il controllo sulla vostra vita. Lo stress può avere una serie di effetti collaterali negativi sul vostro corpo, dalla comparsa di allergie all'asma, da forti mal di testa a indigestioni, per non parlare poi di aumento del colesterolo, del diabete, del peso, degli attacchi di cuore. Oltretutto lo stress potrebbe presentarsi sconvolgendo la vostra armonia interiore, procurando un senso di malessere generale che potrebbe tramutarsi in una forte depressione. E se non bastasse, purtroppo lo stress influisce negativamente anche sul nostro pianeta. Infatti quando soffriamo di questo disagio mentale siamo spesso irascibili, non controlliamo nel modo corretto le nostre azioni e facciamo errori nella nostra vita quotidiana, dimenticando di essere delle persone consapevoli, che hanno scelto di vivere in modo eco-responsabile. E allora prima di rivolgervi a qualche professionista in materia, ecco qualche suggerimento che funziona per tutti.

Scollegatevi

Spengete il PC, mettete la vibrazione al vostro cellulare e concedetevi almeno dieci minuti al giorno tutti e solamente per voi. Sedetevi o sdraiatevi sulla schiena, braccia lungo il corpo, occhi chiusi e respirate. Respirate lentamente e profondamente. Concentratevi sul vostro respiro e lasciate fuori ogni tipo di pensiero. Questo aiuterà a riequilibrare il sistema nervoso, rilassandovi e schiarendovi la mente. E ora potete prendervi ancora qualche minuto per leggere, ascoltare della musica acustica o classica, preparare dei croccanti biscotti o una profumatissima torta.

Abbandonatevi tra le braccia di Morfeo

Già abbiamo parlato dei molteplici benefici del sonno, che oltretutto è un potente antidoto contro lo stress. Mai sottovalutare il potere delle sette o otto ore di riposo a notte.

Dite stop alla caffeina

La caffeina ha il potere di stimolare il sistema nervoso rendendovi ansiosi e inquieti, oltre che disturbare il sonno e di conseguenza aumentare la tensione. Bevete piuttosto tè o tisane calde. È spesso sottovalutata l'efficacia rilassante di una bella tazza fumante. Inoltre sono molte le erbe che hanno una funzione calmante, come ad esempio la liquirizia, la camomilla, la valeriana o la lavanda.

Fate un po' di yoga

Praticare lo yoga che combina postura, respirazione e meditazione vi aiuterà a combattere lo stress restituendovi la naturale armonia tra mente e corpo. Infatti la semplice respirazione induce al rilassamento completo, riduce le tensioni muscolari ma anche quelle psichiche, favorendo il benessere, la calma, la lucidità e il controllo delle emozioni necessario per affrontare al meglio le difficoltà quotidiane.

Giocate con il vostro animale domestico

Uscire o trascorre del tempo con il vostro amico peloso allevia il malessere[21] migliorando lo stato d'animo. Coccolare il vostro gatto o portare il cane a fare una passeggiata abbassa la pressione sanguigna e la frequenza cardiaca. Spesso dedicare del tempo ai nostri amici a quattro zampe è molto più salutare che uscire con gli amici. D'altronde come si fa a non sorridere a quegli occhioni ingenui, che vi guardano con così tanto amore?

Fatevi un pianto o una bella risata

Esprimete le vostre emozioni, che siano risate o lacrime! Infatti quando si mostrano senza nessun timore tutte le emozioni il cervello rilascia meno cortisolo, ovvero l'ormone dello stress. Piangere è un sollievo, soprattutto quando da troppo tempo ci teniamo dentro tristezza e dolore. Mentre ridere fa bene! Anche quando siete arrabbiati o di cattivo umore fatevi una bella, grossa e vigorosa risata e vedrete come tutta la tensione tenderà a sparire.

Mangiate con gusto

Lo stress può eliminare dal vostro corpo tutte le sostanze nutrienti di cui avete bisogno, come le vitamine, il calcio, il potassio ecc. È dunque molto importante seguire una dieta ricca di frutta e verdura fresca, di stagione. E per coccolarvi un po', concedetevi qualche pezzettino di dolce e ricca cioccolata extrafondente.

29. Acqua per la salute, ma che sia del rubinetto

Non è un segreto che più della metà del corpo umano è composta d'acqua. Non c'è vita senza acqua. Proprio per questo bere molta acqua, pulita e purificata, fa bene alla salute. Infatti tutti i migliori nutrizionisti consigliano continuamente di bere almeno un litro e mezzo di acqua al giorno, ma perché? Semplice:

Il nostro sangue è costituto da oltre l'80 per cento di acqua e ne ha bisogno per ricreare nuove cellule sane.

Le ossa sono composte per oltre il 50 per cento di acqua e ne hanno bisogno per ricreare nuove cellule ossee sane.

L'acqua aiuta il nostro organismo a eliminare le scorie e le tossine attraverso il sistema linfatico, i reni e l'intestino.

L'acqua lubrifica le articolazioni, aiuta a ridurne il dolore e le protegge contro l'usura.

L'acqua regola il metabolismo, ci aiuta a rimanere in forma e a non accumulare grassi.

L'acqua aiuta il cervello e il sistema nervoso a funzionare nel modo corretto.

L'acqua impedisce la disidratazione.

Senza acqua il nostro fegato non potrebbe fare bene il suo lavoro, e dunque quello di disintossicare il corpo.

Per tutte queste ragioni uno dei modi più semplici per mantenersi in forma, è quello di iniziare a bere più acqua ogni giorno, ovviamente pura e per quanto sia possibile del rubinetto.

Bere acqua del rubinetto significa non solo un gran risparmio per il portafoglio, ma anche e soprattutto vuol dire non contribuire a inquinare il pianeta.

Secondo il rapporto *Un paese in bottiglia*[22] pubblicato da Legambiente in occasione della Giornata mondiale dell'acqua[23], in base a stime del 2006, i consumi di acqua in bottiglia in Italia erano attestati intorno ai 192 litri pro-capite, ovvero circa dodici miliardi di litri imbottigliati. Tutto ciò si traduce in produzione, trasporto e smaltimento di miliardi di bottiglie di plastica monouso, con conseguente inquinamento dell'ambiente. Infatti ogni fase che accompagna la bottiglia d'acqua minerale è caratterizzata da un forte impatto sulla qualità ambientale: da un consumo di petrolio per fabbricare bottiglie e conseguenti emissioni inquinanti, dai camion per trasportarle con il gasolio consumato e le relative emissioni atmosferiche, agli imballaggi destinati alle discariche.

Bere acqua del rubinetto è uno dei passi più grandi che possiamo fare per salvaguardare l'ambiente, perché arriva a casa nostra attraverso gli acquedotti, ovvero a chilometri zero, evitando così l'inquinamento atmosferico dovuto al trasporto. Inoltre l'acqua che sgorga dai rubinetti di casa è corrente, e scorre via, a differenza di quella minerale che viene imbottigliata e conservata per lunghi tempi. L'acqua del rubinetto non deve essere necessariamente imbottigliata in plastica ma possiamo berla in vetro o in borracce, ecosostenibili e riutilizzabili, in alluminio, eliminando così lo smaltimento di bottiglie nelle discariche. E se non bastasse, bere l'acqua del rubinetto comporta un risparmio di spesa enorme per le famiglie, considerando i prezzi delle acque minerali.

L'acqua del rubinetto non è meno controllata rispetto a quelle minerali, anzi nelle maggior parte delle nostre città, province e comuni l'acqua che esce dai rubinetti è sottoposta a continui controlli, in quanto la legge italiana prevede un minimo di quattro analisi all'anno (d.lgs. 31 del 21/2/2001). Le analisi vengono svolte sia dalla società che gestisce l'acquedotto sia dalle ASL, ed entrambe fanno analisi su circa sessantuno parametri, molti di più di quelli previsti per le acqua in bottiglia.

Ma se proprio preferite l'acqua minerale in bottiglia, almeno fatelo in modo consapevole acquistando quella proveniente dalla vostra regione.

30. Curarsi a tavola in modo naturale

Colesterolo, diabete, chili di troppo, malattie cardiache: è noto che la tavola è il miglior posto dove curarsi. E allora ecco alcuni alimenti che aiutano a farci stare meglio e in forma, senza aumentare il nostro impatto sull'ambiente.

Tè verde

Dalle innumerevoli proprietà benefiche, questa bevanda dal gusto così delicato e buono non solo è un potente antiossidante che aiuta a eliminare dall'organismo i radicali liberi, causa di molte malattie croniche, ma fa anche di più: previene i tumori. Infatti le foglie del tè verde contengono una sostanza nutritiva conosciuta come l'epigallocatechina-3-gallato, o in breve EGCG, un polifeno che è in grado di bloccare la genesi di masse tumorali. Inoltre bere due o tre tazze di tè verde al giorno contribuirà a mantenervi in forma bruciando i grassi in eccesso. Provatelo al posto del caffè dopo pranzo o a metà mattina, è un eccellente diuretico.

Aglio

Re dei condimenti, l'aglio è uno degli alimenti più sani che non dovrebbe mai mancare sulla nostra tavola. Antisettico e battericida, distrugge i microbi e i batteri impedendone la proliferazione. Addirittura nel Medioevo i medici usavano delle mascherine imbevute di succo d'aglio per proteggersi dalle infezioni. Questo grazie alla sostanza in esso contenuta, ovvero l'allicina, che oltre a conferirgli il suo particolare odore ha il potere di prevenire il cancro, rinforzare il sistema cardiovascolare, diminuire i grassi, combattere le infiammazioni e l'acne. Dunque per allontanare ogni tipo di infezione e tenere sotto controllo la pressione sanguigna o il colesterolo assumete uno spicchio d'aglio la sera prima di andare a dormire (meglio se strofinato su una fetta di pane tostato), e terrete lontani batteri e virus. Attenti però a non esagerare, potreste subirne l'effetto collaterale: il vuoto intorno a voi!

Cioccolato

Non è certamente una novità, soprattutto per i più golosi, ma mangiare cioccolato ci fa sentire meglio! Già usato nell'antichità dall'imperatore azteco Montezuma, che lo assumeva prima di incontrare le sue amanti, il cioccolato è uno dei più potenti afrodisiaci naturali, in quanto contiene fino al due per cento di feniletilamina considerata la "droga dell'amore". Ma non solo, è stato infatti dimostrato che sciogliere in bocca lentamente ogni giorno un piccolo quadrato di cioccolato migliora l'umore[24], perché libera le endorfine ed è per questo considerato un antidepressivo naturale. Il cioccolato è anche un efficace antiossidante, riduce il rischio di malattie cardiache e ictus[25]. Questo non vuol dire però esagerare, tutto va fatto con moderazione. E allora cosa aspettate? Godetevi da soli o in compagnia l'odore e poi il sapore di questa meraviglia che la natura ci offre, ancor meglio se biologico o proveniente dal commercio equo e solidale.

Olio d'oliva

Ricco di grassi monoinsaturi, l'olio di oliva contribuisce alla riduzione del colesterolo LDL, quello cattivo, e aumenta invece quello buono, HDL. Questo prezioso prodotto della natura, di cui il nostro Paese può vantare il primato, è inoltre molto ricco di antiossidanti che contribuiscono a ridurre il rischio di cancro e altre malattie croniche, come l'Alzheimer. È buona norma, dunque, cercare di sostituire per ogni ricetta, sia salata che dolce, al burro o alla margarina dell'ottimo olio di oliva, meglio se extravergine e ovviamente biologico.

Cereali integrali

Gli alimenti che contengono cereali integrali, come il pane integrale, riso e pasta integrale, farina d'avena e crusca, oltre a essere degli affidabili alleati contro l'insonnia e la depressione grazie all'elevato contenuto di proteine e vitamine, ci vengono in aiuto nella prevenzione delle malattie cardiache, coronariche, del colesterolo cattivo e del diabete. Per quanto riguarda quest'ultimo, è stato infatti dimostrato che assumere cereali integrali regolarmente migliora la sensibilità dell'insulina, la quale aiuta a controllare i livelli di zucchero nel sangue, un fattore vitale per i diabetici[26].

Frutti di bosco

Fragoline, mirtilli, more e lamponi fanno bene alla salute perché hanno un elevato contenuto di vitamina C, fibre, ferro e antiossidanti flavonoidi in grado di proteggere il cuore, prevenire il cancro, rallentare i segni dell'invecchiamento ed evitare numerose infezioni all'intestino.

Vino rosso

E per finire, cosa c'è di meglio di un buon bicchiere di vino rosso? Carico di sostanze quali il resveratrolo[27], contenuto nella buccia dell'uva, il vino rosso ha una potente azione antiossidante, antinfiammatoria, antivirale, antibatterica e anti invecchiamento. Ovviamente basta un buon bicchiere di vino rosso al giorno per star meglio e aiutare il sangue a essere più liquido, sciogliendo eventuali coaguli e quindi per prevenire il rischio di infarto. E poi volete mettere il piacere di assaporare il suo gusto così vario? Sempre meglio però scegliere vini di cantine locali e prodotti con uve provenienti da coltivazioni biologiche.

Cereali integrali da aggiungere alla dieta

Orzo

Facile da digerire, è molto ricco di fibre che aiutano la regolarità intestinale. L'orzo contiene inoltre potassio, magnesio, manganese, vitamina E, vitamine del complesso B, zinco, rame, ferro, calcio, proteine, zolfo e fosforo. Uso: zuppe, stufati, insalate e dolci.

Farro

Meglio quello decorticato, è un alimento povero di grassi (sazia e non fa ingrassare) ma molto ricco di fibre, di vitamine e di sali minerali. Uso: zuppe, insalate, stufati e infine pane che si ottiene con la farina di farro.

Avena

Ha il potere di stabilizzare gli zuccheri nel sangue e di conseguenza il colesterolo riducendo il rischio di malattie cardiache. Buona fonte di manganese, selenio, magnesio e triptofano, ad alto contenuto di proteine e fibre. È utile come integratore per chi soffre di insonnia, depressione e di disordini dell'appetito. La farina di avena è un ottimo sostituto della farina di grano.

Riso integrale

Ha un elevato contenuto di vitamina E (importante per la pelle) è ricco di fibre, di manganese, magnesio e selenio. Eccellente per i celiaci e quindi per tutte le persone sensibili al glutine. Uso: zuppe, stufati, risotti e insalate.

Pasta integrale

Perfetta per una dieta dimagrante come sostituta della pasta tradizionale perché è ricca di fibre che favoriscono il senso di sazietà e aiutano l'intestino. Uso: primi piatti.

Eco-beauty

Una cura del corpo sicura ed ecosostenibile

Ogni giorno detergiamo la nostra pelle, ci facciamo la barba per essere più ordinati, facciamo lo shampoo per avere capelli più luminosi, ci mettiamo deodoranti e profumi per coprire il nostro odore naturale, ci trucchiamo per acquistare colore, applichiamo creme di ogni tipo per ammorbidire la pelle e contrastare l'invecchiamento, tutto questo senza renderci conto che l'epidermide assorbe come una spugna tutte le sostanze chimiche contenute nei prodotti per la pulizia o l'idratazione del corpo che abitualmente utilizziamo. Molti di questi composti che applichiamo e risciacquiamo, che vanno a finire in grandi quantità negli scarichi e di conseguenza nelle acque dei fiumi e dei mari, sono molto dannosi per la nostra salute ma anche altamente inquinanti per l'ambiente in quanto non biodegradabili e tossici, per non parlare poi delle confezioni sempre più raffinate e accattivanti ma molto poco *eco-friendly*.

Anche se le industrie di cosmetici e prodotti per l'igiene personale sostengono che tali sostanze non provocano pericoli all'organismo, nessuno però realmente sa come effettivamente possono reagire nei nostri corpi, e soprattutto quali allergie o malattie possono provocare con il passare del tempo. Vi siete mai chiesti, ad esempio, cosa si nasconde dietro la parola *profumo* o *parfum*? Immancabile nella lista degli ingredienti di ogni tipo di prodotto, questa parola generalmente si riferisce a fragranze sintetiche che contengono composti chimici molto pericolosi quali gli ftalati (spesso etichettati come DEP, DEHP, DBP), comunemente usati per stabilizzare i profumi. Queste sostanze, che si trovano oltre che nei profumi anche negli smalti o nei gel per capelli, possono alterare non solo il sistema endocrino, imitando gli ormoni, ma anche lo sviluppo genitale.

L'Unione Europea ha vietato l'uso di ftalati nei giocattoli per bambini perché tossici, e questo fa capire quanto siano effettivamente pericolosi. Purtroppo però, relativamente ai prodotti cosmetici, essendo questi spesso nascosti nelle "fragranze", è quasi impossibile evitarli.

Ma come fare allora per riconoscere quali di questi prodotti possiamo utilizzare senza provocare danni a noi stessi e al pianeta?

31. Leggete attentamente le etichette

La cosa migliore che possiamo fare, prima di acquistare qualsiasi prodotto per la cura del corpo, è leggere attentamente le etichette. Secondo le normative comunitarie[28], in Europa le etichette presenti sui contenitori dei cosmetici devono elencare tutti gli ingredienti usati nella formulazione del prodotto, utilizzando termini identici in tutta l'Unione Europea. Questi termini sono basati sulla nomenclatura internazionale per gli ingredienti dei cosmetici INCI[29], obbligatoria dal 1997, scritta in ordine decrescente di concentrazione, al primo posto è indicato il componente contenuto in quantità maggiore, fino a quello presente in percentuale più bassa.

Gli ingredienti di derivazione vegetale che non hanno subito processi chimici sono espressi tramite il loro nome botanico latino, seguito dalla parte di essi utilizzata in lingua inglese.

Il miglior consiglio è quello di imparare gli ingredienti principali e quelli che sarebbe meglio evitare. Per comprendere di cosa si sta parlando e il grado di pericolosità, basta consultare alcuni database presenti anche sul web, in cui è possibile trovare la maggior parte dei composti elencati sulle etichette. Alcuni di questi sono biodizionario.it (www.

biodizionario.it), l'americano EWG's Skin Deep Cosmetics Database (www.ewg.org/skindeep) o il software scaricabile gratuitamente ICEA Cosmetic Check.

32. Convertitevi alla bio-eco-cosmesi

Per disintossicarvi dalle sostanze chimiche contenute nei tradizionali prodotti per la detergenza e cosmesi iniziate facendo dei piccoli passi, cercando di evitare le fragranze e i profumi sintetici, optando per gli oli essenziale puri. Allo stesso tempo scegliete prodotti formulati esclusivamente con ingredienti naturali, o ancor meglio provenienti da coltivazione biologica.

Dalla grande distribuzione alle erboristerie e farmacie, ormai gli scaffali sono pieni di prodotti di diversi marchi realizzati con ingredienti di origine vegetale, ma attenzione: per molti di questi il più delle volte l'ingrediente naturale è solo uno specchietto per le allodole! Infatti leggendo attentamente la lista INCI (International Nomenclature of Cosmetic Ingredients, l'elenco degli ingredienti cosmetici espresso secondo la nomenclatura standard) ci si accorge che il prodotto in realtà naturale non lo è. E allora l'importante è stare con gli occhi bene aperti, diffidare e soprattutto documentarsi.

Perché un prodotto possa essere venduto come "biologico" è necessario che sia certificato (e quindi abbia l'apposito marchio di certificazione) dagli enti che assicurano il rispetto dei parametri sia per le materie prime utilizzate sia per la produzione. Perché un cosmetico sia effettivamente riconosciuto come biologico deve contenere fino al 95 per cento di ingredienti provenienti da coltivazioni biologiche.

In Italia il più importante ente certificatore volontario per i prodotti biologici è l'ICEA[30], che certifica i prodotti sulla base del Disciplinare AIAB[31] per i cosmetici, secondo il quale i cosmetici bioecologici devono garantire:

L'assenza di materiali discutibili dal punto di vista ecologico, sia nel prodotto che nell'imballaggio.
L'assenza di materie prime non vegetali considerate "a rischio", ovvero allergizzanti, irritanti o ritenute dannose per la salute dell'uomo.
La riduzione dell'impatto ambientale dovuto agli imballaggi superflui (confezioni singole) o non riciclabili. Si promuovono imballaggi da materie prime rinnovabili, materiali riciclabili o collegati a un sistema di restituzione dei vuoti.

Il cosmetico bioecologico certificato ICEA inoltre è ottenuto nei seguenti modi:

Rispettando una lista negativa di sostanze vietate.
Senza l'impiego di OGM.
Senza uso di sperimentazione animale.
Senza uso di radiazioni ionizzanti.
Con l'impiego di prodotti agricoli e zootecnici primari da agricoltura biologica certificati.

A ottobre 2011 la LAV[32], in collaborazione con ICEA, ha lanciato "100 per cento vegetale", la prima certificazione green italiana, che garantisce l'assenza di sostanze animali nei prodotti per la cosmesi. Altri enti certificatori in Italia sono CCPB e BioAgricert, mentre in Europa i marchi più rilevanti sono EcoCert in Francia, BDIH in Germania e Soil Association in Gran Bretagna[33].
A settembre 2009 è entrato in vigore il nuovo standard europeo per le certificazioni dei prodotti cosmetici naturali e biologici, la COSMOS (Cosmetic Organic Standard)[34], approvato da tutti i principali enti certificatori europei tra cui anche l'ICEA, che è stato uno dei membri fondatori del progetto e che potrebbe fra qualche anno sostituire le diverse certificazioni nazionali. I nuovi rigorosi standard europei prevedono due livelli distinti di certificazione, una per il prodotto biologico e una per il prodotto naturale. Per il primo impone

che sia bio almeno il 95 per cento degli ingredienti agricoli, e almeno il 20 per cento sul totale del prodotto finito, considerando anche l'acqua. Anche il prodotto naturale non dovrà avere più del 2 per cento di materie prime di sintesi. Per un prodotto cosmetico garantito e di qualità si richiede il rispetto di requisiti animalisti e ambientali con un linguaggio comune, che copre dalla definizione delle diverse categorie di ingredienti cosmetici ai calcoli per quantificare le diverse percentuali di bio, di naturale e di petrolchimica residua, mai superiore al 2 per cento[35].

33. Cosa evitare?

Come abbiamo già accennato, leggendo attentamente la lista degli ingredienti INCI e documentandosi si può venire a conoscenza dei composti con i quali sono stati formulati i cosmetici che intendiamo acquistare, e allora ecco gli ingredienti tossici che potete trovare e che sono assolutamente da evitare:

Profumo

La maggior parte delle sostanze chimiche impiegate per realizzare i profumi e le fragranze dei cosmetici sono tossiche e contengono ftalati.

Parabeni

Sostanze onnipresenti nei prodotti cosmetici che vengono utilizzate per la conservazione degli ingredienti e dunque per evitare che il prodotto si deteriori. I più comuni sono methylparaben, ethylparaben, propylparaben, isobutylparaben, butylparaben e benzylparaben, usati principalmente nella formulazione di shampoo, creme idratanti, creme solari, deodoranti e persino dentifrici. I parabeni sono molto rischiosi per la salute umana in quanto possono provocare allergie, ma soprattutto hanno effetti cancerogeni.

Urea

Conosciuto come Diazolidinyl urea, è un conservante di sintesi ammesso nell'industria cosmetica ma che, anche se in quantità molto piccole, rilascia formaldeide e può essere la causa principale di allergie e dermatiti.

Kathon CG

Conservante antimicrobico idrosolubile ad ampio spettro di azione attivo anche a bassi dosaggi. Viene usato sempre meno in campo cosmetico in quanto è fortemente irritante, ma si può trovare generalmente nelle creme per la pelle e lozioni per il corpo, shampoo e prodotti per la cura dei capelli, saponi, bagnoschiuma e nelle creme con filtri solari.

Quaternium 15

Conservante antisettico usato come disinfettante e deodorante. Tossico in quanto rilascia formaldeide, e in seguito a esposizione prolungata o ripetuta può provocare irritazioni, allergie ed eruzioni cutanee.

MEA, DEA e TEA

Sono tensioattivi e possono formare nitrosamine e nitrati, molto pericolosi in quanto cancerogeni. Generalmente vengono usati per regolare il PH dei prodotti e come agenti schiumogeni, proprio per questo si trovano in particolare negli shampoo, nei bagnoschiuma o saponi e possono causare reazioni allergiche, irritazione agli occhi e secchezza della pelle e dei capelli.

Solfati, quali il sodio lauril e laureth sodio: sono tensioattivi molto aggressivi che si trovano nei detergenti, saponi e shampoo. Non sono cancerogeni ma possono provocare irritazioni ed è quindi meglio evitarli.

Parafenilendiamina (PFD)

Utilizzata in particolar modo nelle tinte per capelli, potente allergene e proprio per questo bandita in diversi Paesi europei.

Aluminium

Presente in tantissimi prodotti cosmetici, in particolar modo deodoranti e antitraspiranti, ma anche nei prodotti per il make-up. L'uso prolungato di questa sostanza è collegato al rischio di insorgenza di cancro al seno, poiché i sali di alluminio sono in grado di danneggiare in modo significativo il DNA delle cellule, stimolandone la degenerazione in cellule cancerose.

Triclosan

Sostanza antibatterica che si trova spesso nei saponi per le mani, nei dentifrici e nelle creme da barba. Molto tossico e dunque rischioso per l'ambiente e per l'uomo in quanto fortemente cancerogeno, inibitore del sistema endocrino e allergizzante.

Polyethylene glycol (PEG)

Insieme di sostanze emulsionanti di sintesi che si trovano nei detergenti, negli shampoo e nelle creme alle quali consentono di ottenere l'effetto emolliente e umettante, anche se non garantiscono l'idratazione. Possono provocare irritazioni.

Propylene glycol, Butylene glycol, Polypropylene glycol

Sostanze solventi ed emulsionanti che facilitano la tenuta dei componenti. Hanno un alto grado di penetrazione. L'uso prolungato e continuo può provocare allergie aumentando la sensibilità della pelle.

Per informarsi divertendosi una videoguida molto interessante è *The Story of Cosmetics*, sulla storia dei cosmetici e sui loro pericoli, proposta da The Campaign For Safe Cosmetics (www.safecosmetics.org).

34. Dite basta alla sperimentazione animale: scegliete Cruelty Free

Anche se non siete tra coloro che seguono un regime alimentare vegetariano o vegano, sarete però certamente d'accordo che testare i prodotti cosmetici (da intendersi anche quelli per la detersione del corpo) sugli animali è una pratica inutile e immorale. Di norma la sperimentazione animale sui cosmetici può essere effettuata sia sul prodotto finito sia sui singoli componenti, e per lo più per questa pratica così crudele vengono utilizzati conigli, topolini e ratti. In alcuni casi, purtroppo, prodotti o ingredienti vengono applicati sulle mucose degli animali, inclusi occhi naso e bocca, per capire se c'è qualche ingrediente che possa causare allergie.

Anche se nel 2009[36] è stata approvata una direttiva CEE attraverso la quale L'Unione Europea avrebbe dovuto sbarazzarsi di ogni nuovo prodotto cosmetico testato sugli animali a partire dal 2013, un recente rapporto della Commissione europea sembra voler ritardare il divieto di altri dieci anni. Questo significa che ancora per un decennio numerosi topi, conigli, maialini d'India ecc. saranno sottoposti a questi dolorosi esperimenti solo per consentire a noi, essere umani, di apparire più belli! E allora per evitare tutto questo dite stop alla sperimentazione animale, e scegliete prodotti che riportano sulla confezione il coniglietto sorridente[37].

35. Scegliete imballaggi riciclabili e non tossici

Per evitare di esporre ulteriormente il vostro organismo a sostanze chimiche contenute negli imballaggi dei prodotti di bellezza che quotidianamente acquistate, scegliete solo cosmetici che abbiano *packing* non nocivi sia alla salute che all'ambiente, come il vetro riciclabile al 100 per cento. E se questo non fosse possibile, optate per imballaggi in plastica che riportano il codice PET ovvero "polietilene tereftalato", facilmente riciclabile e considerato sicuro. Tenete il più lontano possibile dal vostro bagno prodotti cosmetici con imballaggi in PVC o indicati con una V, che sta per "vinile" o "cloruro di polivinile", la cosiddetta "plastica veleno", particolarmente tossica a causa degli ftalati e delle diossine in essa contenute. Il cloruro di polivinile è considerato un potente cancerogeno, altamente inquinante e di difficile smaltimento.

36. Fai-da-te: prodotti per la pulizia del corpo e cosmetici

E per finire, se siete stanchi dei soliti cosmetici, non volete più contribuire alla crescita delle grandi industrie cosmetiche e avete voglia di risparmiare qualche euro in più, preparate a casa i vostri prodotti per la detersione e la cura personale. In questo modo saprete esattamente quali sono gli ingredienti che utilizzate, non dovrete più spazientirvi nell'identificare sostanze chimiche dannose riportate sulle etichette, non vi preoccuperete più della tossicità, dello smaltimento dell'imballaggio, e soprattutto saprete esattamente cosa state spalmando sulla vostra pelle. Fate un giro in cucina, rovistate in frigo o nei ripiani delle vostre dispense, e seguite passo per passo le ricette riportate nella prossima sezione, *Rimedi naturali per rimanere sempre belli*.

Rimedi naturali per rimanere sempre belli

Nessun conservante, nessuna sostanza chimica tossica, ingredienti a prezzi accessibili e nessun problema di smaltimento dell'imballaggio: ecco i vantaggi del preparare da soli i quotidiani prodotti per la cura del corpo, dal sapone al deodorante, tutto autoprodotto.
Ed ecco qualche ricetta per realizzarli con le vostre mani, con ingredienti naturali e soprattutto di origine vegetale.

37. Capelli

Corti, lunghi, ricci o lisci, i capelli, specialmente per una donna, sono un'ottima carta vincente per essere belle, e proprio per questo solitamente spendiamo tanto tempo ed energia per tenerli sempre puliti e in ordine. Li spazzoliamo, li laviamo e rinfreschiamo frequentemente, li tagliamo eliminando le parti rovinate.
Ma tutto questo non basta, infatti i capelli e soprattutto il cuoio capelluto dicono molto sul nostro stato di benessere, quindi è necessario anche mantenerli sani e forti. E allora vediamo qualche piccolo accorgimento per avere una capigliatura sempre luminosa e piena di vita.

Shampoo alle erbe per tutti i tipi di capelli

1 tazza di acqua distillata
2 cucchiai di sapone di Marsiglia liquido
1 cucchiaio di olio di jojoba o di mandorle
3 cucchiai di rosmarino o ortica, maggiorana, salvia, fiori d'arancio
qualche goccia di olio essenziale puro a piacere

Per prima cosa mettete da parte il solito shampoo e, a meno che non sia effettivamente privo di ogni sostanza chimica di sintesi e dunque totalmente naturale, iniziate con preparare in casa il vostro detergente personale per capelli.

Fate bollire l'acqua e aggiungete le erbe. Coprite il tutto e lasciate macerare dai dieci ai venti minuti. Una volta trascorso il tempo necessario, lasciate raffreddare e filtrate il liquido. Aggiungete il sapone di Marsiglia, l'olio e mescolate molto bene tutti gli ingredienti. Aggiungete qualche goccia di olio essenziale continuando a mescolare. Versate il liquido in una bottiglia di vetro o plastica riciclata. Aspettate ventiquattro ore e il vostro shampoo alle erbe, fatto in casa, sarà pronto per l'uso.

Aceto

Per una criniera splendente, per combattere la forfora e rafforzare il cuoio capelluto.

Oltre a essere un ingrediente essenziale in cucina, e un potente anticalcare in bagno, l'aceto è miracoloso anche quando si tratta di curare i capelli. Rimedio della nonna per rendere le chiome piene di luce e setose, l'aceto però aiuta anche a combattere la forfora e a tenere sempre pulito e sano il cuoio capelluto, rimuovendo ogni residuo di detergente.

A seconda del tipo di capelli, in quanto può provocare secchezza, dopo lo shampoo fate un risciacquo massaggiando delicatamente la testa, due o tre volte alla settimana, con una tazza di aceto bianco o di mele e due tazze di acqua tiepida, miscelate insieme.

Birra

Ideale per volumizzare una chioma piatta.

Non siete grandi bevitori di birra? Nessun problema, non c'è bisogno di berla, basta applicarne un po' sui capelli e questi acquisteranno subito volume e lucentezza. Infatti la vitamina B e gli zuccheri naturali della birra aumenteranno la vitalità della vostra chioma, diciamolo pure, leggermente piatta. Versate una tazza di birra sui capelli, dopo lo shampoo, e risciacquate con acqua fredda. Il risultato sarà una bella capigliatura gonfia e brillante.

Uova

Ideali per ridare corpo ai capelli danneggiati. Troppi trattamenti chimici, come tinte o tiraggi, hanno danneggiato i vostri capelli? Provate a ridargli corpo con una maschera tutta al naturale a base di uova.

Sbattete insieme un uovo, due cucchiai di olio d'oliva e qualche goccia di olio essenziale a scelta, meglio di limone o di gelsomino. Applicate la maschera sui capelli e coprite con un asciugamano asciutto. Lasciate in posa per almeno un'oretta e risciacquate con uno shampoo possibilmente delicato e naturale. Ripetete questo trattamento una volta al mese.

Miele

Per capelli secchi o rovinati dal sole. Il miele è un umettante naturale, ovvero attrae e blocca l'umidità: proprio per questo applicato sui capelli agisce riparando ciò che è stato danneggiato a causa di un trattamento chimico o di una lunga esposizione al sole.

Applicate sui capelli umidi ½ tazza di miele e lasciate riposare per circa mezz'ora. Risciacquate con acqua tiepida. Per capelli particolarmente provati potreste aggiungere uno o due cucchiai di olio, la polpa di un avocado o ancor meglio un tuorlo d'uovo. Il trattamento può essere ripetuto una volta al mese.

Yogurt

Per capelli opachi. Lo smog, il fumo e l'inquinamento atmosferico in genere possono lasciare sui capelli una pellicola che ne oscura la lucentezza. Un prodotto che deriva dal latte come lo yogurt, grazie all'acido lattico contenuto, elimina lo sporco idratandoli contemporaneamente.

Un consiglio di benessere: massaggiate i capelli umidi con ½ tazza di yogurt bianco e lasciate riposare per circa venti minuti. Risciacquate con acqua tiepida e poi lavate con lo shampoo. Per finire fate un ultimo risciacquo con acqua fredda. Ripetete il trattamento ogni due settimane.

38. Viso

Ci siamo dimenticati gli odori e soprattutto l'efficacia dei detergenti fatti in casa dalle nostre nonne, con elementi al 100 per cento naturali e privi di ogni sostanza nociva? Eppure basta ricordare che bella pelle, priva di ogni imperfezione e rughe, vantavano. Prendersi cura del proprio corpo con prodotti semplici e genuini rafforzerà la vostra bellezza e vi aiuterà a combatterne l'invecchiamento.

Detergenti, maschera e scrub per il viso da preparare con semplici ingredienti, senza dover andare in profumeria: tutto ciò che occorre si può trovare nella dispensa o al supermercato. Aggiungete solo un po' di pazienza e un pizzico di manualità e la bellezza per voi non sarà più un mistero.

Detersione per tutti i tipi di pelle

Pomodoro

Per chi la mattina va sempre di corsa, per prima cosa lasciate da parte il vostro detergente quotidiano e prendete dal frigo un bel pomodoro rosso maturo. Strofinatelo sul viso, sul collo e risciacquate abbondantemente con acqua fredda. Gli acidi naturali del pomodoro mangeranno delicatamente lo sporco, lasciandovi una pelle fresca e pronta per affrontare la giornata.

Latte e miele

Per pulire in profondità il viso, e soprattutto il collo, eliminando ogni impurità, ecco un detergente semplice ed economico a base di latte: l'ingrediente segreto della leggendaria bellezza di Cleopatra. Per avere una pelle morbida ed elastica applicate sul viso e sul collo, aiutandovi con un batuffolo di cotone, questa miscela da preparare fresca ogni mattina (potete conservarla in frigo per circa due giorni).

Detergente al miele

1 cucchiaino di miele
1 cucchiaio di latte intero

Scaldate il miele a bagnomaria finché non diventa liquido e aggiungete il latte (potete variare con la panna). Mescolate bene e applicate. Se avete una pelle particolarmente sensibile sostituite il miele con quattro cucchiai di camomilla setacciata.

Scrub zucchero e olio

½ tazza di zucchero
1 o 2 cucchiai di olio di oliva,
di girasole o germe di grano

Mescolate bene gli ingredienti e massaggiate delicatamente questo scrub esfoliante su viso e collo. Risciacquate abbondantemente con sapone. Ripetete una o due volte al mese.

Adatto a pelli secche e sensibili.

Scrub alla farina di avena

2 cucchiai di farina di avena
1 cucchiaio di miele
1 cucchiaio di succo di limone

Se avete una pelle leggermente oleosa provate a purificarla con questo scrub delicato all'avena, con proprietà lenitive e antinfiammatorie, insistendo sulle zone notoriamente più grasse quali naso, mento e fronte. Miscelate gli ingredienti e spalmante massaggiando. Risciacquate con acqua tiepida. Ripetete anche due volte alla settimana.

Scrub al bicarbonato

1 cucchiaio di bicarbonato
1 cucchiaino di olio di oliva

Idratante, purificante ed esfoliante, il bicarbonato, oltre a essere un potente alleato in cucina per disinfettare frutta e verdura, ci viene in aiuto anche quando abbiamo bisogno di rinfrescare e idratare il viso, aggiungendo qualche goccia di olio d'oliva (potete variare con l'olio di mandorle).

Potete sostituire eventualmente il bicarbonato con dei fondi di caffè.

Miscelate gli ingredienti formando una pasta morbida. Applicate massaggiando delicatamente e risciacquate con acqua tiepida e sapone. Ripetete una o due volte alla settimana.

Maschere

Maschera rivitalizzante alla pesca, miele e yogurt

1 pesca matura
3 cucchiaini di miele
2 cucchiai di yogurt bianco

Non si mangia! Si applica sul viso per una pelle vellutata ma allo stesso tempo elastica. Schiacciate la pesca insieme al miele, aggiungete lo yogurt e miscelate fino a ottenere una pasta morbida. Spalmate in modo uniforme su viso e collo. Lasciate riposare per dieci minuti e risciacquate con acqua tiepida.

Maschera anti-acne alle fragole e panna

3-4 fragole mature
1 cucchiaio di panna fresca
o yogurt
1 cucchiaio di miele

Dall'enorme contenuto di vitamina C, le fragole non sono solo deliziose da mangiare ma anche eccezionali se applicate sul viso, che lasciano fresco e liscio. Se avete bisogno di eliminare unto e imperfezioni e volete una pelle più luminosa, basta applicare questa dolcissima maschera almeno una volta alla settimana. Ricordatevi però che le fragole sono frutti estivi, dunque non acquistatele durante l'inverno.

Schiacciate le fragole, aggiungete la panna e il miele fino a ottenere un impasto denso. Applicate su viso e collo ben puliti e lasciate agire per circa dieci minuti. Risciacquate, con acqua tiepida.

Se siete allergici alle fragole sostituitele con i lamponi. Provate inoltre ad aggiungere qualche goccia di olio essenziale di lavanda, noto per le sue proprietà antisettiche.

Maschera anti-età alla banana

1 banana matura piccola
2 cucchiai di panna fresca
1 cucchiaio di miele
1 cucchiaio di farina d'avena

Arricchita con la banana, frutto tra i più nutrienti per il suo elevato contenuto di magnesio, potassio, ferro, zinco e vitamine A, B, E, F, questa maschera da applicare due o tre volte alla settimana darà vigore a una pelle secca ritardandone l'invecchiamento.

Schiacciate la banana, aggiungete la panna, il miele e la farina. Mescolate bene tutti gli ingredienti fino a ottenere una crema densa. Lavate bene il viso e il collo e applicate la maschera lasciandola agire per trenta minuti. Risciacquate abbondantemente con acqua tiepida.

Tonici e creme

Tonico rinfrescante al limone o cetriolo

½ bicchiere d'acqua
succo di ½ limone
o 1 cetriolo
salvia

E dopo aver lavato, esfoliato e nutrito la vostra pelle, tamponate il viso e il collo con un batuffolo di cotone imbevuto in ½ bicchiere d'acqua con il succo di ½ limone, per tonificare e astringere i pori. Oppure potete scegliere un tonico rinfrescante e lenitivo al cetriolo, preparato frullando in un mixer: mezza tazza di acqua distillata, un cetriolo tagliato a pezzi e qualche foglia di salvia tritata.

Crema idratante all'aloe

2 cucchiai di glicerina naturale
½ tazza di gel di aloe

Unite il tutto e mescolate bene. Potete conservare il preparato in frigo anche per un paio di mesi, versandolo in un barattolo di vetro con tappo a chiusura ermetica.

39. Denti

Quotidianamente e più volte al giorno laviamo i denti con dentifrici di ogni genere, sbiancanti, antinfiammatori, antitartaro, purificanti ecc. proposti dai diversi marchi che sponsorizzano i loro prodotti quali i migliori sul mercato per l'igiene orale. Ma cosa c'è davvero dentro i dentifrici più commerciali? Anche qui, come nei tradizionali prodotti per la cosmesi, troviamo un'infinità di composti chimici, tra cui additivi e sostanze abrasive, che a lungo andare possono rovinare la dentatura. Ma non solo, anche lo stesso fluoro, utilizzato per rafforzare lo smalto, è in realtà considerato tossico se ingerito in quantità elevate. E allora per prima cosa è importante controllare cosa mettete sui vostri denti leggendo attentamente le etichette. Cercate di scegliere dentifrici formulati con sostanze naturali, ma ancor meglio, se avete un po' di tempo e buona volontà, perché non produrvi da soli a casa il vostro personale prodotto per la pulizia orale?

Dentifricio fatto in casa

2 cucchiai di bicarbonato di sodio
½ cucchiaio di sale marino fino
qualche foglia di salvia
3 cucchiai di glicerina
5-10 gocce di olio essenziale di menta

Sminuzzate le foglie di salvia. Mescolate tutti gli ingredienti fino a ottenere una pasta dalla consistenza densa. Fresco e sbiancante, potete conservare in un barattolino con tappo il vostro dentifricio fatto in casa.

Sbiancanti naturali

Caffè, tè, fumo possono macchiare i denti ma anche scolorirne il bianco con il passare del tempo. Esistono in commercio molteplici prodotti sbiancanti, pieni però di sostanze chimiche di ogni genere. Ma per sbiancare a vista d'occhio i denti e per rendere più luminoso e giovane il sorriso basta semplicemente ricorrere a qualche ingrediente che la natura ancora una volta ci offre.

Bicarbonato

Il top per eccellenza tra gli sbiancanti naturali, il bicarbonato, se usato costantemente una o due volte la settimana vi regalerà un sorriso bianco e un sapore fresco in bocca.

Cospargete lo spazzolino con un po' di bicarbonato e passate su tutta la dentatura delicatamente, dopo aver lavato i denti con il dentifricio. Risciacquate con acqua fredda. Non esagerate con le applicazioni, in quanto, essendo il bicarbonato leggermente abrasivo, potrebbe rovinare lo smalto dei denti.

Salvia

Per denti brillanti e una bocca fresca, spazzolateli, un paio di volte la settimana, con un composto realizzato miscelando insieme qualche foglia di salvia secca tritata insieme a due cucchiai di sale marino fino. Fate agire qualche minuto e risciacquate con acqua del rubinetto.

Aceto di mele

Oltre che come condimento per l'insalata o come ammorbidente per i capelli, l'aceto di mele può essere utilizzato anche per lo sbiancamento naturale dei denti e per alleviare infiammazioni alle gengive. Immergete lo spazzolino in una miscela con le stesse quantità di acqua e aceto e passatelo sui denti. Anche se è molto efficace, non usate l'aceto troppo spesso, in quanto è un acido organico (acido acetico) e può rovinare lo smalto nonché favorire le carie.

Limone

E se in casa avete solo il limone, per avere una bocca più pulita e denti bianchi fate dei semplici sciacqui con il succo di un limone spremuto in mezzo bicchiere di acqua. Non più di un paio di volte la settimana.

40. Corpo

Quando si tratta di curare la pelle ognuno ha i suoi prodotti preferiti per la pulizia o idratazione, e spesso c'è molta difficoltà ad abbandonare i soliti cosmetici e di passare a soluzioni più naturali, per abitudine o perché si è mal disposti a provare qualcosa di nuovo, per paura che potrebbe non funzionare. Ma è arrivato il momento di prendere coscienza che i tradizionali prodotti per la pulizia e la cura del corpo sono ormai troppo nocivi per noi stessi e per la Terra, e di provare altre soluzioni naturali e sicuramente migliori.

Detersione

Sapone o bagnoschiuma: quale il più ecologico e sano? Ovviamente il sapone: contiene meno ingredienti e di conseguenza meno sostanze chimiche pericolose. Oltretutto l'imballaggio del sapone a pezzi non richiede ingombranti contenitori in plastica, che spesso vanno a finire nelle discariche, ma in carta, molto più ridotti e quasi sempre del tutto riciclabili. Tenete lontani dal vostro bagno i saponi antibatterici che possono causare danni non solo al sistema endocrino ma anche al pianeta in quanto tossici, e scegliete saponi formulati con ingredienti naturali di origine vegetale. E soprattutto ricordate che la regola è: fatevelo da soli.

Ci sono tantissimi metodi per produrre un buon sapone naturale, ma quello più semplice prevede l'utilizzo di olio d'oliva, soda caustica pura e acqua[38].

Per personalizzare il vostro sapone potete aggiungere qualche goccia di olio essenziale a piacere o petali di fiori. Per prima cosa dovrete procuravi gli ingredienti e gli strumenti necessari alla preparazione. Una volta pronti seguite a piccoli passi il seguente e non troppo difficile procedimento illustrato in ogni sua fase da greenMe.it.

Sapone fatto in casa

1 litro di olio d'oliva
128 grammi di soda caustica pura
300 grammi di acqua distillata o del rubinetto

STRUMENTI

1 bilancia elettronica
1 pentola in acciaio inox
1 termometro che vada dai meno 10 ai 110 gradi centigradi
1 cucchiaio di acciaio inox per dosare
1 cucchiaio di legno
1 recipiente in vetro o in ceramica
1 frullatore
formine in silicone
stracci per coprire le formine

Per prima cosa indossate un paio di guanti, una mascherina e un grembiule, e iniziate a pesare gli ingredienti con il cucchiaio in acciaio inox: 128 grammi di soda caustica e 300 grammi di acqua. Successivamente, facendo attenzione, versate in un recipiente di vetro o ceramica la soda nell'acqua. Mescolate il composto di soda e acqua con un mestolo di legno. La reazione tra l'acqua e la soda caustica farà aumentare di temperatura il composto fino a 80 gradi.

Coprite il recipiente e fatelo raffreddare. Nel frattempo, mettete la pentola di acciaio inox sulla bilancia e pesate 1 litro di olio. Una volta pesata mettete la pentola sul fuoco lento e mescolate fino a quando l'olio non avrà raggiunto la temperatura di 45 gradi. Misurate anche la temperatura della soda, e quando questa avrà raggiunto i 45 gradi versatela nella pentola con l'olio e mescolate bene sempre con il cucchiaio di legno. Quando il tutto si sarà amalgamato, frullate il composto, per renderlo cremoso, aggiungendo gli ingredienti a piacere come gli olii essenziali, qualche petalo o qualsiasi altro elemento per impreziosire il vostro sapone. Versate il composto negli stampini. Coprite e lasciate riposare per 48 ore. Una volta indurito togliete il sapone dagli stampi e lasciatelo stagionare almeno un mese prima di usarlo.

Scrub

Prima della detersione, eliminate le cellule morte della pelle esfoliando il vostro corpo con uno scrub fatto in casa con ingredienti naturali sempre pronti all'occorrenza.

Scrub lenitivo alla banana

1 banana matura
3 cucchiai di zucchero
poche gocce di olio essenziale

Troppe banane nel cesto della frutta che stanno andando a male? Per prima cosa attrezzatevi per prepararvi un ottimo ed energico frullato, e se ve ne rimane qualcuna ecco come realizzare uno scrub lenitivo, nutriente e idratante per tutto il corpo.

Mescolate gli ingredienti schiacciando la banana con una forchetta. Quando avrete ottenuto un composto cremoso passatelo su tutto il corpo insistendo su gomiti, ginocchia e talloni mentre siete sotto la doccia prima di aprire l'acqua. Risciacquate e detergetevi con il sapone, purché sia naturale.

Scrub di arance e limoni

2 cucchiai di olio di oliva
2-3 cucchiai di zucchero
il succo di 1 limone o arancio

Con il loro elevato contenuto di vitamina C come non amare questi preziosi agrumi? Perfetti alleati per combattere i malanni stagionali, quali i fastidiosi raffreddori invernali, e ottimi ingredienti per esfoliare delicatamente la pelle morta del corpo.

Mescolate bene gli ingredienti e applicate massaggiando su tutto il corpo, sotto la doccia prima di passare il sapone, insistendo sulle zone più dure quali gomiti, ginocchia e talloni.

Risciacquate abbondantemente con acqua.

Tonico per i piedi al rosmarino

200 ml latte
50 g di foglie di menta fresca
5 rametti di rosmarino fresco
5 gocce di olio essenziale di menta piperita

Un pediluvio che combina l'effetto tonificante della menta e del rosmarino a quello calmante del latte.

Mettete il latte e le erbe fresche in un pentolino a fuoco basso e fate bollire per quindici minuti.

Togliete la pentola dal fuoco e versate la miscela in una ciotola abbastanza grande per immergervi i piedi. Aggiungete acqua calda o fredda a piacere e l'olio essenziale. E ora la parola d'ordine è: relax!

Deodorante stick fai-da-te

2 cucchiai di amido di mais
3 cucchiai di bicarbonato
10 gocce di tea oil tree o di olio di lavanda

I tradizionali deodoranti, oltre a essere sempre meno efficaci, sono oltretutto dei mix molto tossici di sostanze chimiche quali alluminiun, parabeni o profumi, che sarete d'accordo sull'essere assolutamente pericolose per il nostro organismo e per l'ambiente. E allora per limitare l'assorbimento di tutti questi composti altamente rischiosi, riutilizzando un vecchio stick, potreste prepararvi da soli in casa il vostro personale deodorante.

Miscelate in un recipiente i 3 cucchiai di bicarbonato di sodio, le 10 gocce di tea oil tree o di lavanda e i 2 cucchiai di amido di mais. Mescolate bene fino a quando il composto non avrà raggiunto una buona consistenza, e versatelo nello stick riciclato dal vecchio deodorante. Lasciatelo indurire per almeno 24 ore. Appena si sarà indurito potete finalmente utilizzare il vostro deodorante fresco, profumato e naturale, facendo attenzione però ad applicarlo con una pressione leggera, in quanto per i primi giorni potrebbe perdere grumi.

Schiuma da barba

1 cucchiaino di olio di girasole
3 cucchiai di glicerina vegetale

Volete fare davvero qualcosa per voi stessi e per il pianeta? Dimenticatevi i soliti prodotti per la rasatura e preparateveli da soli la crema da barba. Incorporate la glicerina, dopo averla sciolta a bagnomaria, all'olio di girasole e mescolate. Versate il composto in un recipiente. Aspettate che si raffreddi. Affondate il pennello e applicate massaggiando fin quando non fa la schiuma. Radetevi e risciacquate abbondantemente con acqua.

41. Cosmetici

Troppo spesso usiamo truccarci più per abitudine che per reale necessità. E stendere quotidianamente prodotti pieni di coloranti e conservanti sulla nostra pelle la rende con il tempo molto sensibile e facilmente irritabile. Questo perché, purtroppo, anche i prodotti per il make-up sono ricchi di elementi nocivi. Provate a rinnovare il vostro beautycase con cosmetici naturali, biologici e soprattutto formulati solo con sostanze di origine vegetale, e noterete il beneficio non solo in termini economici ma anche di salute. E per iniziare createvi da sole un dolcissimo e nutriente rossetto.

Rossetto alla barbabietola

1 barbabietola rossa
1 cucchiaino di olio di oliva
1 cucchiaio di zucchero a velo

Ogni donna spalma quotidianamente sulle sue labbra, e di conseguenza ingerisce, molteplici additivi chimici contenuti nei tradizionali rossetti quali ad esempio parabeni e profumi, e questo va a svantaggio anche di tutti gli uomini che poi la baceranno. Ma perché mangiare questi composti di sintesi tossici se possiamo essere belle tutti i giorni in modo naturale? Certamente scegliere di adottare uno stile di vita ecosostenibile, anche quando si tratta di truccarsi, non è poi così facile, ma dà le sue soddisfazioni. Basta una barbabietola o un pugno di mirtilli rossi per ottenere delle sane, dolci e brillanti labbra a prova di bacio.

Tagliate la barbabietola in piccoli pezzi e mettetela a riscaldare a bagnomaria a fuoco lento. Schiacciatela finché non sarà diventata una crema e toglietela dal fuoco. Versate l'olio, lo zucchero a velo e mescolate aggiungendo altro zucchero nel caso il composto risultasse troppo liquido.

Una volta che la consistenza è di vostro gradimento, spalmate sulle labbra aiutandovi con un pennellino. Potreste utilizzare l'impasto ottenuto anche per dare colore alle guance, come fosse un fard, applicando però con una spugnetta leggermente umida.

Lucidalabbra ai mirtilli

1 cucchiaio di olio di mandorle
1 pugno di mirtilli (5-10)
1 cucchiaino di miele

Versate tutti gli ingredienti in un recipiente messo a bagnomaria a fuoco lento, e mescolate fino a portare a ebollizione. Schiacciate i mirtilli continuando a miscelare. Fate raffreddare il composto per qualche minuto e poi filtrate con un colino il liquido per eliminare i pezzetti di frutta. Mescolate di nuovo per amalgamare bene tutti gli ingredienti e lasciate ancora raffreddare. Una volta freddo versate il rossetto in piccoli recipienti di vetro con tappo. E ovviamente spalmate, ma attente a non leccarvi troppo spesso le labbra, potreste procurarvi un'indigestione!

Mascara

Per essere belle anche lo sguardo deve essere valorizzato, ma la concezione secondo la quale per uno sguardo misterioso dobbiamo avere ciglia lunghe e spesse è errata. Quale bisogno c'è di avere ciglia lunghe e folte? Non svolgono efficacemente la loro funzione lo stesso? Essere vittima di queste immagini ci porta ad acquistare prodotti che, una volta applicati, risaltano senza alcun dubbio lo sguardo, ma quali ingredienti miracolosi contengono per procurare quest'effetto? La risposta è semplice: prodotti chimici che a lungo andare possono causare imperfezioni, allergie o addirittura malattie ai nostri occhi. Non c'è bisogno dunque di spalmare quotidianamente mascara nerissimi per rendere gli occhi affascinanti, basta spennellare le ciglia con qualche goccia di genuino olio d'oliva. Oltre che a farle sembrare più lunghe le luciderà, nutrirà e rafforzerà.

Alcuni nomi di aziende di prodotti cosmetici al 100 per cento naturali, rispettosi della salute e dell'ambiente

Aveda: profumi "pure-fumes", oli essenziali, trattamenti per capelli, trattamenti per la pelle; ingredienti di derivazione naturale a base di piante da coltivazioni biologiche, minerali che non contengono sostanze petrolchimiche, no parabeni, no fragranze sintetiche, no ftalati, no solfati; certificazione Cradle to Cradle (www.avedaitalia.it).

Bema cosmetici: trattamenti viso e corpo, detergenti, linea bambino, deodoranti, lozioni, solari; ingredienti di origine naturale da agricoltura biologica, no OGM, no sostanze di origine animale, no conservanti, no sostanze chimiche vietate, testati al Nichel, Cromo e Cobalto; no test su animali; certificazioni ICEA, FSC (www.bemacosmetici.it).

Lavera: cosmetici, solari, trattamento corpo viso, detergenti, linea bambino, solari, dentifrici al 100 per cento naturali e da coltivazioni biologiche, no parabeni, no coloranti, no conservanti, no profumi sintetici, no ingredienti a base di petrolio; no tesato su animali, senza glutine, no OGM, BDIH Certified Natural Cosmetics, Vegan Society, Natrue (www.lavera.com).

Iomiamo: detergenti, trattamenti viso e corpo; ingredienti di origine naturale proveniente da prodotti bio-agroalimentari da produzione del Presidio Slow Food; no sostanze chimiche vietate, no OGM, no test su animali; certificazioni ICEA, VeganOk, EcoArea (www.iomiamo.it).

Natyr Altro Mercato: trattamenti viso corpo capelli, detergenti, linea bambino; ingredienti naturali o di derivazione naturale provenienti da progetti del commercio equo e solidale, no sostanze chimiche di sintesi come siliconi, coloranti, profumi, PEG, SLES O SLS, parabeni o petrolati, no sostanze chimiche vietate, no OGM, no pesticidi, nichel test; no test su animali; certificazione CCPB (www. www.altromercato.it/it/prodotti/natyr).

Weleda: trattamenti viso e corpo, deodoranti, dentifrici, saponi per bambini, lozioni; no sostanze chimiche, no conservanti, no fragranze di sintesi. No test su animali (www.weleda.it).

World Nature Lady Futura: cosmetici; ingredienti di origine naturale, da agricoltura biologica, no test su animali, no sostanze chimiche di sintesi; certificazione Ecocert (www.worldnature.it).

Eco-infanzia

Casa dolce casa. Ma anche sana e sicura?

Dai loro primi mesi di vita ai primi passi, i bambini trascorrono la maggior parte del tempo tra le mura domestiche, che dovrebbero difenderli dai pericoli esterni permettendogli una crescita sana e forte. Ma guardatevi intorno e chiedetevi se l'ambiente in cui vivete è davvero un luogo così "sano e sicuro" anche per i vostri figli. Come tutti i genitori tenderete a proteggerli da ogni sorta di pericolo, ma forse però qualcosa potrebbe esservi sfuggita. E allora vediamo alcuni semplici accorgimenti per rendere la vostra casa un luogo a prova di bambino.

42. Aprite le finestre

Non c'è bisogno di dirlo ma smettere di fumare in casa, togliersi le scarpe prima di entrare e lavarsi le mani accuratamente per eliminare la presenza di germi e batteri, sono le prime regole che un genitore deve rispettare per mantenere un ambiente casalingo sano.

Va da sé però che questo non basta. Purtroppo è noto che l'inquinamento domestico è il più delle volte superiore a quello esterno, questo perché tra le quattro mura si nascondono minacce che nemmeno immaginiamo, soprattutto sotto forma di sostanze chimiche di sintesi rilasciate dai più comuni prodotti di uso quotidiano come ad esempio detersivi, cosmetici, vernici, solventi, mobili, tappeti, pavimenti, profumi, deodoranti, muffe ecc.

E allora che fare?

Aprite le finestre e fate entrare l'aria fresca, soprattutto durante le prime ore della giornata.

Evitate deodoranti sintetici per gli interni, che possono contenere ftalati, altamente tossici per la vostra salute, quella del vostro bambino e per l'ambiente.

Se dovete riverniciare la stanza del piccolo (ma questo vale in generale per tutto il resto della casa), tenete aperte le finestre e utilizzate vernici ecologiche, prive di Composti Organici Volatili (VOC)[39] tossici e inoltre in grado di catturare le polveri sottili.

Detergete la casa con detergenti *eco-friendly* o autoprodotti.

Dimenticate i tradizionali cosmetici e optate per i prodotti naturali, eco e bio.

Arredate la casa con mobili in legno massiccio certificato FSC[40], non trattato con colle, privo di formaldeide[41], ma se è troppo caro per il vostro portafoglio, almeno prima di sistemare in casa i nuovi mobili acquistati teneteli fuori qualche giorno all'aria aperta.

Fate costantemente una buona manutenzione delle tubature per evitare perdite di acqua, infiltrazioni e di conseguenza la formazione di muffe, che possono causare problemi alla respirazione provocando allergie o asma, e mantenete un buon livello di umidità in casa installando dei deumidificatori.

Tenete sempre in buone condizioni camini o stufe, controllate che non ci siano ostruzioni alla canna fumaria, evitando così che il fumo si disperda in casa. Bruciate solo legno massiccio e non vecchi mobili che potrebbero essere stati trattati con sostanze tossiche.

E per finire mantenete la casa ben pulita evitando l'accumulo di spazzatura e la comparsa di insetti indesiderati, quali formiche o ancor peggio scarafaggi (ovviamente usare pesticidi è severamente vietato).

43. Casa sicura a prova di bambino

Il vostro bambino sta crescendo, gattona, si arrampica, afferra, tira e addenta tutto ciò che gli capita per le mani, e nonostante voi lo controlliate costantemente in ogni suo movimento, diciamolo pure, la prudenza non è mai troppa. Per evitare ansie e continui rimproveri, per rendere la vostra casa non solo più *green* ma anche più sicura, ecco qualche semplice accorgimento per crescere in sicurezza il vostro bambino e rallegrarvi con lui delle sue piccole e innocenti scoperte.

Forno e fornelli

I bambini sono attratti naturalmente dal fuoco e purtroppo forno e fornelli sono le principali fonti di ustioni: evitate dunque di lasciare il bambino da solo quando state cucinando. Un'altra accortezza è quella di utilizzare i fornelli più interni, e di girare i manici delle pentole e padelle verso il muro. Bloccate il forno ermeticamente con delle serrature di sicurezza per evitare che il curiosone metta le mani proprio sulla piastra, e infine chiudete sempre la manopola generale del gas quando non state cucinando. Per le manopole del piano cottura sarebbe meglio installare quelle con l'apposito dispositivo di sicurezza.

Armadi, ante e cassetti

Conservate in luoghi inaccessibili ai bambini sostanze potenzialmente tossiche come detersivi, insetticida (non scambiate mai i contenitori travasandoli in bottiglie di plastica come quelle dell'acqua minerale), medicinali e detergenti, ma anche oggetti pericolosi come coltelli o forbici. Per evitare che il piccolo possa aprire cassetti o infilarsi per curiosità in armadi e armadietti chiudeteli con dei fermacassetto e blocca ante.

Porte

Mettete a tutte le porte accessibili al bambino dei fermaporte, per impedirgli di rimanere chiuso nelle stanze o di schiacciarsi le dita.

Scale

Se avete scale in casa potete prevenite brutti ruzzoloni, e dunque violenti incidenti domestici, installando con viti e viterelle dei cancelletti all'inizio e alla fine della scala.

Finestre

I bambini possono facilmente cadere da una finestra socchiusa, dunque montate dei sistemi di chiusura interna, facili da aprire in caso di emergenza. In balcone assicuratevi che le ringhiere siano abbastanza alte, e se non lo fossero installate una griglia per aumentarne l'altezza. Inoltre non lasciate mai sedie in prossimità di finestre e balconi.

Spigoli

Anche gli angoli dei mobili, soprattutto se in vetro, possono rappresentare un pericolo per i vostri bambini: montate dei paraspigoli. Con un po' di manualità potreste realizzarli da soli con dei ritagli di stoffa pesante, come la lana, o intagliando i tappi di sughero.

Tappeti e tende

È meglio non averli in casa, in quanto possono rappresentare una forte attrattiva per la polvere, ma nel caso non abbiate intenzione di eliminarli scegliete esclusivamente tappeti in fibra naturale[42] e fissateli al pavimento con tessuti antisdrucciolo per evitare che la piccola peste possa inciampare.

Anche le tende sono un accessorio che per almeno i primi due anni dovrebbe essere accantonato in una casa con bambino, ma nel caso non possiate proprio toglierle allora optate per quelle avvolgibili di cotone e dunque facilmente lavabili.

Bagno

Nella stanza da bagno, ma questo vale anche per la cucina, per evitare ustioni regolate la caldaia in modo che la temperatura dell'acqua calda non sia troppo elevata, e quindi che il bambino non si scotti. Ricordatevi di chiudere sempre la tavoletta del WC con serrature di sicurezza, il piccolo potrebbe buttare all'interno giocattoli o qualsiasi altro oggetto a disposizione oltre che, ancora peggio, caderci dentro.

Prese elettriche e cavi

Coprite i fori delle prese elettriche con appositi copriprese o con armadi o altri mobili poiché i bambini potrebbero infilarci le dita per curiosità e prendere una brutta scossa. Dotate l'impianto elettrico di un dispositivo salvavita, e collegate tutte le spine dei vari impianti come ad esempio TV, stereo o PC a una ciabatta multipresa con interruttore, ricordando di spengerlo quando non li state utilizzando.

44. Come realizzare una *green* nursery per dolci sonni verdi

Avete deciso di riorganizzare o allestire la stanza per il bambino? Quale migliore occasione per iniziare a trasformare la vostra abitazione in una casa tutta *green*, aprendo gli occhi a un mondo di nuovi prodotti, dai rivestimenti al lettino fino ai giocattoli, tutti il più possibile privi di sostanze chimiche nocive, soprattutto per il piccolo, molto più vulnerabile rispetto a voi? Nello specifico, vediamo come garantire al vostro bimbo sonni dolci e tranquilli.

Scegliete vernici e colori eco-friendly

Se avete deciso di impugnare pennello e spazzola e ridipingere la camera, come già accennato, scegliete esclusivamente vernici che sono prive di VOC, completamente atossiche, senza pesticidi, erbicidi, tossine e da sciogliere in acqua. Oggi, rispetto a qualche anno fa, ci sono molte vernici ecologiche[43] sul mercato, di diverse marche, che contribuiscono a non aumentare l'inquinamento interno, addirittura a base di ingredienti naturali quali il latte, gli agrumi, l'argilla o il talco, atossiche e in delicati colori pastello o colori più vivaci e luminosi.

Arredate naturalmente

Cercate culle, lettini e fasciatoi esclusivamente in legno massiccio certificato FSC, realizzati con materiali di recupero o ancora meglio riciclati, per non contribuire all'abbattimento di altri alberi, e con rivestimenti in fibre naturali quali il cotone, meglio se biologico. I mobili in legno lamellare o truciolato, oltre a essere altamente tossici per il loro elevato contenuto di formaldeide, sono anche mobili di cattiva qualità. Acquistare mobili in legno massiccio significa investire in un arredamento che dura una vita, e che potrà rimanere utile alle future generazioni.

Materasso

Rigorosamente imbottito con materiali naturali, privi di composti tossici e rivestito in cotone biologico.

Biancheria, bavaglini, pagliaccetti e scarpine

Anche in questo caso scegliete cotone biologico o altri materiali naturali quali il bambù.

Tappeti

Vietati in quanto calamite per organismi indesiderati quali muffe, polveri, batteri o altri organismi che possono causare allergie. Ma se volete giocare a terra con il vostro bimbo, potreste utilizzare una vecchia coperta in lana o in cotone pesante, facile da lavare. In alternativa scegliete tappeti in fibre naturali, meglio se rigenerate.

45. Eco-giocattoli

Finalmente, grazie all'entrata in vigore della nuova direttiva europea 2009/48/CE relativa alla sicurezza dei giocattoli, che sostituirà la vecchia Toy Safety Directive del 1988, i bambini europei non terranno più in mano giocattoli pericolosi e difettosi. Infatti, secondo quanto previsto dalla nuova direttiva, le aziende addette alla produzione, al controllo e alla commercializzazione dei giocattoli sul mercato europeo avranno maggiori responsabilità, in modo da proteggere meglio i bambini dell'Unione Europea. Saranno inoltre banditi definitivamente gli ftalati, non saranno più ammesse sostanze chimiche cancerogene, niente più giocattoli contraffatti e realizzati con vernici infiammabili, ma anche seggiolini e fasciatoi dovranno essere molto più stabili per evitare che il bambino possa rimanere intrappolato. Riassumendo, giocattoli più sicuri per la salute del bambino, ma anche per l'ambiente? Anche se in base a quanto stabilisce l'Unione Europea non dovremmo più preoccuparci nel momento dell'acquisto di un nuovo giocattolo, quanti di questi però sono effettivamente rispettosi verso il pianeta in cui viviamo? Se siete tra quei genitori che amano la natura e che vogliono contribuire a salvaguardarla, quale miglior modo per trasmettere questi valori ai vostri figli se non attraverso il gioco?

Per prima cosa, se è possibile, fate giocare i vostri bambini con giocattoli riciclati che non vengono più utilizzati da nipoti, figli di amici ecc., purché ovviamente non tossici. Se questo non fosse attuabile, dimenticate i tradizionali giocattoli di plastica, materiale altamente inquinante e di difficile smaltimento, ritornate ai bei vecchi tempi, e provate a costruirli in casa, almeno sarete sicuri di ciò che il bambino tocca e morde. Ma se l'attività manuale non fa proprio per voi, scegliete giocattoli *eco-friendly*[44] realizzati utilizzando esclusivamente materie prime naturali, provenienti da fonti rinnovabili o ancor meglio con materiali riciclati.

Giocattoli in legno

Come per i mobili anche per i giochi dei bimbi il legno massiccio è una buona scelta, l'importante è che sia certificato FSC o riciclato. Sano, resistente, riutilizzabile, riparabile e dunque tramandabile, il legno è un ottimo materiale quando si tratta di giocattoli, in quanto è caldo e proviene direttamente dalla natura. Ovviamente sempre se rifinito con oli naturali vegetali o se colorato con colori ad acqua, atossici. Non adatto ai bambini al di sotto dei due anni.

Giocattoli in panno o in peluche

Morbidi, da abbracciare, da coccolare e da addentare, quanti dolci sonni ma anche quanti primi esperimenti tattili in compagnia del suo pupazzetto preferito? Scegliete per il vostro bambino giochi di peluche e panno in cotone o canapa provenienti da coltivazioni biologiche, con colorazioni atossiche.

Giocattoli in cartone riciclato

Quale miglior uso fare della carta riciclata se non costruirci un bel castello? Perfetti per far sfogare la sua fantasia e la sua immaginazione, i giocattoli di cartone da montare, oltre a essere belli e divertenti, aiuteranno il vostro bambino a sviluppare manualità e ingegno.

Come prendervi cura del vostro bambino in modo *green*

46. Alimentazione bio per una crescita sana

Abbiamo già parlato di quanto sia importante adottare una dieta alimentare basata su cibi provenienti da coltivazioni biologiche perché più nutrienti, liberi da tossine, più ricchi di vitamine, minerali, ferro calcio e proteine. Ovviamente tutto ciò assume ancora più rilevanza quando si tratta di bambini, essendo questi molto più sensibili alle tossine rispetto agli adulti.

Scegliere latte, uova o carni provenienti da allevamenti all'aperto, in pascoli locali, coltivati senza fertilizzanti chimici e pesticidi, in cui gli animali vengono alimentati con cibi genuini e biologici vuol dire garantire ai vostri figli una crescita veloce, equilibrata e sana. Ma non solo, cercate di far mangiare ai vostri figli molta frutta e verdura fresca, di stagione e possibilmente proveniente da aziende agricole della zona, accertandovi che non facciano uso di pesticidi e fertilizzanti chimici. Per molti genitori questa non sarà un'impresa facile, perché i bambini spesso hanno una forte avversità verso tutto ciò che è verde. In questi casi non scoraggiatevi e provate a preparare ricette più accattivanti, frullati o zuppe cremose.

Per i più grandi invece, potrete provare a coinvolgerli nella preparazione dei piatti: oltre che metterli al lavoro, si divertiranno, si sentiranno utili e forse mangeranno tutto quello che avrete cucinato insieme. Portateli con voi a fare la spesa, al mercato, in aziende agricole e fattorie, o ancor meglio fate crescere ortaggi, frutta e verdure nel vostro giardino o balcone prendendo come assistente giardiniere proprio vostro figlio. È stato dimostrato, infatti, che i bambini vedendo crescere zucchine, piselli, insalata o broccoli sono poi più invogliati a mangiarli (coltivare un orto insieme a vostro figlio potrebbe essere un ottimo metodo di educazione ambientale, con cui potrete insegnarli da dove proviene il cibo). Ricordatevi inoltre che la maggior parte dei bambini e ragazzi amano imitare quello che fanno i genitori, dunque cercate di fare tutto ciò che è giusto per loro, dando loro l'esempio.

47. Eliminate la plastica dalle vostre cucine

Ogni giorno siamo esposti a un numero infinito di sostanze chimiche di sintesi, nocive sia alla salute che all'ambiente. Per evitare di contribuire a intossicare l'unico pianeta in cui viviamo è importane iniziare a eliminare tali composti, almeno dalle nostre case. Abbiamo già visto quali accorgimenti adottare per una casa sicura e sana per quanto riguarda gli spazi *indoor*, l'alimentazione, la cosmesi, le pulizie casalinghe, ma cosa possiamo effettivamente bandire dalle nostre cucine?

Centro della vita domestica, la cucina è il luogo della casa in cui in gli sforzi per essere persone più ecoresponsabili possono avere un effetto più immediato, proprio perché è attraverso il cibo che si determina una crescita sana e forte del bambino. Per cominciare, quando si tratta di conservazione e cottura dei cibi, preferite sempre il vetro, la ceramica, la carta e l'acciaio inox. Biberon in plastica, *tupperware* e persino le pellicole trasparenti per avvolgere panini o qualsiasi altro tipo di alimenti non dovrebbero esserci in una cucina che sia davvero *green*. Finalmente, dopo anni di controversie, a marzo del 2011 con la direttiva UE (2011/8/EU) la Commissione europea ha vietato la produzione e la vendita (a partire da giugno) di biberon in policarbonato (un tipo di plastica dura) contenenti BPA, ovvero il bisfenolo A, una sostanza chimica usata in associazione con altre sostanze per produrre plastiche e resine. Il policarbonato viene utilizzato solitamente per fabbricare recipienti di uso alimentare, come appunto biberon, stoviglie come piatti e tazze, bottiglie e contenitori per conservare il cibo. Residui di BPA sono presenti anche nelle resine per produrre le pellicole utilizzate per avvolgere gli alimenti. Purtroppo il bisfenolo A può avere effetti molto gravi sulla salute, provocando delle alterazioni al sistema endocrino, al sistema nervoso e a quello immunitario. In determinate condizioni, ovvero in presenza di sostanze o liquidi acidi o cibi ad alte temperature, il BPA può migrare dai contenitori agli alimenti. Proprio per questi motivi è necessario prendere delle precauzioni, evitare tali recipienti, o almeno non usarli nel forno a microonde, e utilizzare biberon privi di BPA (leggere in questo caso attentamente l'etichetta) o ancora meglio in vetro.

Ma oltre ai contenitori realizzati in policarbonato, nelle cucine è facile trovare recipienti in PVC (cloruro di polivinile), plastica tossica per l'ambiente e per l'organismo, con effetti cancerogeni e che può causare danni al sistema riproduttivo. Cosa fare, in questi casi, per riconoscere quali tipi di contenitori in plastica possono essere usati, senza recare danno alla salute dei nostri bambini? Semplice, basta rivoltare il contenitore e leggere attentamente il numero di codifica europea[45] riportato sul fondo:

#1 PET o PETE Polietilene tereftalato o arnite: bottiglie di acqua, bottiglie di bibite, flaconi di shampoo.

#2 HDPE Polietilene ad alta densità: contenitori degli yogurt, flaconi di detersivo.

#3 PVC o V Cloruro di polivinile: contenitori per alimenti

#4 LDPE Polietilene a bassa densità: sacchetti cibi surgelati, bottiglie spremibili

#5 PP Polipropilene o Moplen: bottiglie di ketchup

#6 PS Polistirene o Polistirolo: bicchieri monouso

#7-#19 O tutte le altre plastiche

Le plastiche "buone" per la conservazione di cibi sono dunque le numero 1, 2, 4 e 5.

Ovviamente, una volta smaltiti tutti i contenitori in plastica nelle vostre cucine utilizzate per la conservazione quelli in vetro e per avvolgere i cibi o i formaggi preferite la carta come, ad esempio, quella del pane. Non cuocete o riscaldate i cibi nel forno a microonde con la plastica (anche se la dicitura ne riporta l'idoneità) ma preferite sempre la ceramica o il vetro, e per l'acqua utilizzate bottiglie in vetro. In generale, quindi, riducete l'uso della plastica.

48. Ecoprodotti per la pelle del bambino

Se per un adulto fare il bagno o la doccia (molto più ecosostenibile) è un momento di relax, quando si tratta dei bambini tutto cambia prospettiva. Schizzetti, risate ma anche tanti pianti e urla sono all'ordine del giorno. Non solo pupazzetti morbidi e giochi di ogni genere invadono il vostro bagno, ma anche un'infinità di prodotti per la detersione, per l'idratazione, polveri, talco e salviettine. Ma i bambini hanno davvero bisogno di tutte queste cose? La risposta è *no*. I bambini hanno una pelle talmente delicata e sensibile che per almeno il primo anno di età non hanno bisogno di essere lavati con saponi, detergenti o shampoo: basta dell'acqua calda, una spugna vegetale, dell'amido di mais per rinfrescarli e un po' di olio d'oliva per idratarli. Così come non hanno bisogno di essere continuamente frizionati con salviettine di ogni genere, né di essere avvolti in una nuvola di talco.

Potreste realizzare voi stessi, con alcuni semplici ingredienti, quali il sapone di Marsiglia, un po' d'olio vegetale (di mandorle o di oliva), dell'acqua e un rotolo di carta assorbente, morbide e pratiche salviettine detergenti fatte in casa, ovviamente riciclando un vecchio contenitore di salviette tradizionali. Quando dovete acquistare prodotti per la pulizia del bambino, prendete solo ciò di cui avete bisogno, e soprattutto scegliete prodotti naturali, biologici e privi di sostanze chimiche, di conservanti, di coloranti, di composti che potrebbero irritarlo o ancora peggio fargli venire allergie, e soprattutto senza profumo.

49. Pannolini ecologici

Un altro dilemma, più o meno per tutte le mamme, sono i pannolini. Costosi o a buon mercato e per tutti i mesi e le età, i pannolini usa e getta che invadono supermercati e farmacie sono un vero attentato per l'ambiente, per il portafoglio e per la salute del vostro bambino. Considerando che ogni mamma cambia tutti i giorni e più volte al giorno il pannolino al proprio bebè, ed essendo questo uno tra i rifiuti più inquinanti e di più difficile smaltimento, si valuta che annualmente vadano a finire nelle discariche miliardi di pannolini monouso. Inoltre, i pannolini non solo sono una spesa enorme da affrontare per una famiglia media che ha appena avuto un bambino, ma essendo per lo più composti di plastica sono anche rischiosi per la salute del bimbo. Infatti il rivestimento impermeabile crea all'interno del pannolino calore e umidità che favoriscono arrossamenti e irritazioni. Ma allora come fare fino al momento in cui il bambino non impara a fare la pipì nel vasetto? Le alternative sono due:

Optate per i pannolini lavabili rispolverando le vecchie tradizioni. Oltre a essere una valida alternativa a quelli monouso tradizionali, questi sono realizzati in tessuti naturali (i migliori sono quelli in cotone biologico certificato), riutilizzabili e soprattutto economici. Sicuramente molto più evoluti di quelli di una volta, gli attuali in commercio sono di diverse tipologie, modelli e taglie. Comunque, anche se decisamente più ecologici di quelli usa e getta, se si considera però il consumo di energia, sapone e soprattutto di acqua necessari per il lavaggio forse a pensarci bene non sono poi così convenienti per l'ambiente.

Per maggior informazioni date uno sguardo al sito www.pannolilavabili.info, in cui troverete molteplici informazioni su tipologie di pannolini, su come utilizzarli e lavarli correttamente.

Acquistate i pannolini biodegradabili, pratici come gli usa e getta tradizionali ma realizzati con materie prime biodegradabili fino all'80 per cento, tollerati anche dalle pelli più sensibili. I filtranti e le barriere esterne sono in PLA (acido polilattico) e in Mater-Bi, biopolimeri ricavati dal mais, dunque sostanze che non solo si degradano in tempi brevi ma che possono essere anche restituite alla terra sotto forma di compost. All'interno sono di cellulosa TCF (Total Chlorine Free), ovvero sbiancata e igienizzata con acqua ossigenata, anziché con cloro, e certificata con marchio FSC.

In entrambi i casi però leggete sempre le etichette sulle confezioni per essere realmente certi di quello che state acquistando.

Pannolini ecologici, quali e dove acquistarli

Pannolini biodegradabili

Naturaè, linea bimbo dell'azienda italiana WIP: pannolini biodegradabili venduti in Italia (www.ecowip.com).

Nature Babycare, linea bimbo completa, dell'azienda Svedese Naty (www.naty.com).

Negozi online

Quibio: www.quibio.it
New Baby: www.newbabyberry.com

Pannolini lavabili

Ecobimbi: azienda italiana che produce pannolini lavabili per neonati e bambini (www.ecobimbi.com).

Negozi on line

La Bottega dei Bimbi: www.bottegadeibimbi.it
Zero Emissioni: www.zeroemissionishop.net
Baby natura: www.babynatura.it
Mariluna: www.mariluna.it
Belli come il sole: www.bellicomeilsole.it
Lotties: www.lotties.it
Universo Ecologico: www.universoecologico.it
Eco pannolini: www.ecopannoli.it

50. Tenete i vostri bambini sani e in forma

Lo strumento più potente che avete per far crescere in sicurezza e in salute i vostri figli siete voi! Cosa dovete fare? Seguire quotidianamente in casa una dieta alimentare corretta e fare regolarmente esercizio fisico coinvolgendo i vostri figli. Questo perché i genitori influenzano le abitudini dei bambini, che tendono a imitare in tutto e per tutto quello che fanno. Continui studi negli anni hanno dimostrato che l'aumento di peso dei bambini è direttamente legato ai comportamenti alimentari dei loro genitori, e che i livelli di attività fisica dei bambini sono direttamente collegati al modello di esercizio fisico dei loro genitori. Purtroppo anche in Italia stanno aumentando i casi di obesità infantile: un bambino su tre di età compresa tra i sei e gli undici anni è in sovrappeso[46]. Le cause ovviamente sono da imputare a un'alimentazione sbagliata, alle cattive abitudini alimentari e a una vita troppo sedentaria passata in casa davanti alla TV o ai videogiochi.

Di conseguenza se i vostri figli vi vedono mangiare senza moderazione cibi non salutari, in orari sbagliati, se vi vedono seduti quando non siete al lavoro, davanti alla televisione o davanti al computer, e dunque fisicamente poco attivi, molto probabilmente seguiranno il vostro esempio. Modificando i vostri comportamenti potreste influenzare i vostri figli a sviluppare abitudini migliori, che si porteranno dietro per tutta la vita. Purtroppo però cambiare i propri modi di fare quando si è adulti è molto difficile, e allora ecco qualche consiglio per apportare delle modifiche nella vostra vita senza sconvolgerla e dare benefici sia alla vostra salute che a quella dei vostri figli.

Non saltate la colazione

La colazione è uno dei pasti più importanti: dà energia, aiuta a mantenere il giusto peso ed è un ottimo modo per iniziare la giornata, soprattutto per i bambini che vanno a scuola. E allora perché saltarla? Anche se la mattina andate sempre di fretta, provate ad alzarvi un quarto d'ora prima, sedetevi a tavola con i vostri figli e consumate una sostanziosa e variegata colazione. Se avete un po' di tempo, la sera prima, preparate semplici torte o biscotti evitando così cibi confezionati pieni di conservanti e coloranti. E ricordatevi di mettere a tavola sempre un po' di frutta fresca e di stagione.

A tavola tutti insieme

Non importa quanto siete impegnati, trovate il tempo per sedervi a tavola e mangiate con i vostri figli. Oltre a essere una buona occasione per passare più tempo con loro e rafforzare il vostro legame, consumare un pasto in tranquillità mangiando lentamente, con la propria famiglia, aiuterà a migliorare le abitudini alimentari dei bambini, invogliandoli a mangiare di tutto e a essere meno schizzinosi con il cibo.

Cucinate con i bambini

Coinvolgere i vostri figli nella preparazione di piatti e ricette è un ottimo modo per infondergli l'amore per il cibo sano. Ma non solo, è anche una scusa per renderli partecipi della vita domestica e fargli capire l'importanza di collaborare nei lavori di casa. E poi pensate al piacere di una futura colazione a letto preparata proprio dal vostro piccolo chef! Oltre a sapere esattamente cosa state mangiando, cucinare con i vostri figli gli farà apprezzare e finire tutto quello che c'è nel piatto.

Più frutta e verdura

Insistete nel far mangiare (e ovviamente mangiate voi per primi) ai vostri bambini, almeno una porzione di frutta e di verdura a ogni pasto. Inventate delle ricette gustose in cui "nascondere" le verdure o mettete un po' di miele o zucchero sulla frutta, come se fosse un dessert.

Merenda per la scuola fatta in casa

E per merenda cosa mettere nello zainetto della scuola? Cibi semplici e fatti in casa, evitando merendine e prodotti confezionati. Biscotti, pizzette, fette di torta alternando con una frutta o una macedonia o dello yogurt, l'importante è non esagerare con le porzioni e fargli riscoprire i buoni sapori dei cibi autoprodotti. Questo vale anche per voi genitori: basta con gli snack acquistati al bar o alle macchinette in ufficio, preparatevi un buon sacchetto della merenda, rigorosamente riempito con cibi genuini e provenienti dalle vostre mani.

Fate esercizio fisico all'aria aperta

È inutile dire a vostro figlio "basta con i videogiochi, vai fuori a giocare" se lo fate mentre ve ne state comodamente sdraiati sul divano davanti alla TV. Alzatevi e con il vostro bambino andate a fare una bella passeggiata o un giro in bicicletta all'aria aperta. Prendete una palla per giocare in un parco, oppure indossate la tuta da jogging e fate una bella corsetta insieme a lui.

Non c'è niente di più gratificante e salutare che passare del tempo all'aria aperta con i bambini divertendovi!

Eco-animali

Consigli per essere ecoresponsabili anche con i vostri amici a quattro zampe

Lavorate dodici ore al giorno? Vivete in un monolocale senza balconi in cui avete concentrato il bagno, la cucina e la camera da letto, che più che un appartamento sembra un rifugio? Non siete dei grandi amanti della vita all'aria aperta? Forse non dovreste adottare un cane, e forse nemmeno un gatto.

Infatti anche se i fedeli amici a quattro zampe danno tante soddisfazioni e tantissimo affetto, chi vive con un animale domestico sa che il peloso compagno ha bisogno di molta energia e presenza (la sottovalutazione dell'impegno è una delle principali cause di abbandono), di uno spazio adeguato in cui vivere, di essere portato fuori in giardini o parchi a correre il più possibile, soprattutto per i cani, e di un'alimentazione equilibrata e nutriente. Lasciare troppe ore a casa da solo il vostro animale domestico può causargli noia, stress e depressione. Ricordarsi della sua esistenza solo quando volete fare una passeggiata non indica che gli state volendo davvero bene, mettergli frettolosamente qualcosa da mangiare nella ciotola, senza sapere con che cosa lo state nutrendo, è indice di ignoranza, un'ignoranza che può causargli gravi malattie.

Chiarito questo e presa consapevolezza delle difficoltà, per chi volesse adottare un cucciolo o per chi ne avesse già, uno dei consigli più importanti è quello di crescerlo sano, con tanto amore e se possibile nella maniera più *eco-friendly* possibile, facendo attenzione a non aumentare non solo il vostro impatto sull'ambiente ma anche quello del vostro migliore amico.

51. L'amore non conosce pedigree

Partiamo da un presupposto: gli animali non si comprano e soprattutto non si acquistano animali di razza a scopi di lucro. Perché andare al *pet-shop* se ci sono tantissimi cuccioli di cani e di gatti che potete adottare recandovi semplicemente presso un rifugio per animali abbandonati? Nonostante l'abbandono in Italia sia diventato un reato[47], purtroppo sono migliaia i cani e i gatti che ogni anno vengono abbandonati sulle strade, nelle città e persino nelle campagne. Proprio per questo non sussiste la necessità di sborsare denaro per acquistare un animale domestico corredato di pedigree, ignorando quella che è invece la realtà di un animale lasciato solo al suo destino. Il modo non solo più *green* ma soprattutto più onesto per avere un cane o un gatto è quello di bypassare gli allevatori o i negozi di animali e recarsi presso il canile o il rifugio più vicino alla vostra zona.

Qualche numero

130.000 gli animali (cani e gatti) abbandonati ogni anno in Italia.

80 per cento animali abbandonati che rischiano di morire per incidenti stradali, di stenti o a causa di maltrattamenti;

20 per cento animali che finiscono in un rifugio[48].

52. Sbarazzatevi del cibo spazzatura

Non fatevi impietosire da quegli occhioni languidi che vi guardano mentre state mangiando uno snack, e soprattutto non cadete in tentazione allungandogli un assaggio della vostra merenda! Molti cibi quali cioccolata, dolcetti in genere, alcuni tipi di frutta come ad esempio le pesche, le ciliegie o addirittura l'uva possono risultare tossici per cani e gatti. Ma questo è solo un aspetto relativo all'alimentazione degli animali domestici. Molti proprietari non si rendono conto che una dieta alimentare non corretta può causare non pochi problemi alla salute dei loro compagni a quattro zampe, come ad esempio obesità, problemi di cuore, problemi all'apparato digerente, invecchiamento precoce e mancanza di energia. Ma allora qual è la dieta più sana per il vostro animale?

Cane: la proteina è l'ingrediente più importante per sviluppare muscoli forti e dunque per una crescita sana, principalmente sotto forma di carne ma anche di legumi e uova (sempre cotte, mai crude). Essenziali sono anche i carboidrati quali riso, grano, mais, orzo e avena, per fornirgli l'energia giusta necessaria a farlo correre e giocare tutto il giorno. Questi possono essere utilizzati in piccole quantità come riempitivi, o aggiunti in forma di verdure a foglia verde. I carboidrati inoltre sono un'ottima fonte di vitamine, minerali e fibre per aiutare la digestione e per soddisfare la fame.

Gatto: anche per il pelosone baffuto le proteine, in particolare quelle animali, sono molto importanti. A differenza dei cani, però, i gatti non hanno bisogno di carboidrati e dunque di cereali per essere in salute.

Una volta stabilito di cosa hanno bisogno i vostri animali, al momento della scelta del cibo leggete attentamente le etichette e cercate di non esagerare nel risparmio sul prezzo. Questo perché anche se il prezzo non sempre garantisce la bontà spesso però costituisce un buon indicatore della qualità del cibo per animali. Se pensate che la maggior parte degli ingredienti che vengono utilizzati per realizzare i croccantini o le scatolette per cani e gatti sono sottoprodotti, o meglio scarti, della macellazione di carni e della lavorazione dei cereali, non adatti all'alimentazione umana, non è possibile pretendere che un pacco da dieci chili di croccantini da pochissimi euro al supermercato siano prodotti con proteine di qualità e grano di prima scelta. Inoltre per aumentarne l'appetibilità vengono aggiunti additivi, conservanti e coloranti artificiali sicuramente non salutari e genuini. Purtroppo però spesso leggere attentamente le etichette non sempre risulta utile, in quanto la maggior parte delle marche produttrici di cibo per animali non indica esattamente le percentuali dei vari ingredienti, né quali dei sottoprodotti o derivati di questi sono stati utilizzati.

Dal momento che la nutrizione è uno dei fattori che determinano la salute e la resistenza alla malattie, le cose migliori che potete fare per il vostro animale domestico sono:

Preparare il cibo in casa con ingredienti freschi e di prima qualità, per garantirgli così il miglior nutrimento possibile. E ogni tanto premiarlo con qualche biscottino, fatto appositamente per loro, con le vostre mani e gli ingredienti giusti.

Acquistare alimenti naturali e biologici preparati utilizzando carni allevate in modo sostenibile, alimentate con mangimi provenienti da coltivazioni biologiche senza ormoni, senza OGM, non trasformati, e cereali coltivati senza fertilizzanti artificiali, senza pesticidi, utilizzando esclusivamente conservanti naturali quali le vitamine E, C e ovviamente certificati.

53. Attenzione ai loro... bisogni

Per chi possiede un cane, ricordatevi sempre di raccogliere i suoi bisogni in un sacchetto di plastica biodegradabile. Se avete un giardino o un orto potete trasformare la pupù in un fertilizzante naturale utilizzando un'apposita compostiera[49].

Mentre per chi ha in casa un gatto, optate per sabbie ecologiche, per la lettiera in materiali biodegradabili e al 100 per cento naturali e riutilizzabili come fertilizzanti per l'orto o per il giardino.

54. Giochi e accessori *eco-friendly*

I vostri amici si annoiano quando non ci siete, oppure si divertono fin troppo a mordicchiare, rosicchiare e sgraffiare mobili, tappeti, scarpe o addirittura muri? Sia cani che gatti hanno bisogno di giocare quando vengono lasciati soli in casa, ma anche e soprattutto con voi. Ma perché comprare giocattoli che oltre a essere molto costosi (e che quasi sicuramente verranno fatti a brandelli appena vi girate) il più delle volte sono realizzati con plastiche tossiche, se potete invece realizzarli voi stessi, a casa, con qualche oggetto di uso quotidiano, che non usate più e sicuramente più salutare? Ad esempio, se avete un cucciolo di cane potreste costruirgli un gioco con una corda o legando insieme tante strisce di tessuto. Oppure potreste costruire una palla utilizzando vecchi calzini, inserendo all'interno della stoffa (facendo attenzione che il cucciolo non ingoi pezzi di tessuto).

Per il gatto potreste invece costruire un topino di stoffa legando una cordicella a un'estremità, lasciargli una vecchia borsa di tela per farsi le unghie (anche un cartone è perfetto) oppure il vecchio ma sempre utile gomitolo di lana, o ancora un vecchio rotolo di carta igienica. Oppure potreste riempire dei calzini formando una pallina con dell'erba gatta, che lo renderà vivace e felice di giocarci.

Anche gli accessori e le cucce non vanno tralasciati: per i dolci sonnellini del vostro cane o gatto potreste realizzare da soli un comodo pouf cucendo insieme vecchi pezzi di stoffa in cotone o velluto, e usando per l'imbottitura consunte T-shirt o maglioni arrotolati.

Se però non siete amanti del fai-da-te, in commercio esistono molte marche di articoli per animali che producono giocattoli in plastica riciclata, in Mater BI (privi di BPA e di elementi che contengono PVC) e pupazzetti in tessuti sostenibili. Lo stesso vale per guinzagli e collari in canapa o cotone biologico, non tossici, con colorazioni naturali, cappottini di tessuto pile riciclato o in cotone rigenerato. E ancora eco-spazzole ed eco-ciotole!

55. Per un pelo lucido e naturale

Belli e puliti sì ma in modo naturale! Se per la vostra detersione e cosmesi avete scelto la via naturale o ancor meglio del fai-da-te, perché non farlo anche con i vostri animaletti domestici? Una volta imparato a leggere attentamente le etichette, e a riconoscere le sostanze nocive, basta metterlo in pratica quando si tratta di acquistare prodotti per detergere i vostri amici pelosi. Scegliete dunque shampoo senza profumi sintetici, solfati, parabeni, coloranti artificiali, privi di tutte le sostanze tossiche da evitare, formulati con ingredienti naturali di origine vegetale, e possibilmente da coltivazioni biologiche.

Per una detersione totalmente naturale e fai-da-te un buon rimedio per lavare, disinfettare e lucidare il pelo del vostro cane è il miracoloso aceto. Diluite circa mezza bottiglia di aceto bianco nell'acqua per il bagno, aggiungete un po' di sale e detergete!

56. Eliminate zecche e pulci... naturalmente

Eliminare fastidiose pulci o zecche è una dura battaglia, ma farlo in modo totalmente naturale e sicuro è una vera e propria sfida, proprio perché quando ci accorgiamo della loro presenza la prima cosa che ci viene in mente di fare è quella di liberarcene immediatamente e in più fretta possibile utilizzando di conseguenza dei prodotti chimici altamente tossici. Infatti la maggior parte dei prodotti antiparassiti per animali contengono sostanze chimiche pericolose per la vostra salute, quella del vostro cane o gatto e dei bambini che ne possono venire a contatto.

Ma è possibile difendere i nostri amici a quattro zampe in modo naturale e duraturo? La risposta è *sì*. In commercio infatti esistono molti prodotti tra cui spray, fialette, ma anche collari antipulci e zecche totalmente privi di composti chimici pericolosi, realizzati con ingredienti naturali quali olio di Neem, olio di citronella, altri oli essenziali vegetali, dunque senza alcune effetto nocivo e in armonia con l'ambiente.

Ma come sempre meglio prevenire che curare, e allora:

Fate regolari bagni con saponi e shampoo naturali ai vostri amici pelosi.

Lavate frequentemente la cuccia del vostro animale domestico e ovviamente cercate di mantenere puliti casa e cortile.

Tagliate l'erba del prato, potate alberi e cespugli se avete un giardino.

Spazzolate e controllate spesso il pelo del vostro cane e/o gatto.

Un rimedio naturale per allontanare le pulci dal vostro amico peloso è quello di cospargere il pelo con il succo di un arancio o di un limone, che non solo li proteggerà ma li avvolgerà in un piacevole e dolce profumo di agrumi.

Marchi di alimenti e accessori ecologici per animali

Prodog: linea di prodotti per l'igiene e la pulizia del cane di Verdesativa, non contiene profumazioni o coloranti sintetici petrolati, oli sintetici e siliconi. Inoltre non contiene alcool, parabeni, OGM, PEG, PPG, ingredienti di origine animale e il prodotto finito non viene testato sugli animali (www.verdesativa.com).

BioBao: linea completa di prodotti per cane e gatto certificata AIAB Eco Bio Cosmesi e stop ai test su animali approvato dalla LAV (Lega Anti Vivisezione). Per la sua creazione vengono utilizziate materie prime di origine vegetale, estratti e oli da coltivazione biologica. La linea prodotti è priva di sostanze di origine petrolchimica o animale, coloranti di sintesi, SLS, SLES, PEG, isotiazolinoni, parabeni e OGM (www.biobao.it).

GreenCat: lettiera vegetale ecologica biodegradabile per gatti prodotta in Italia dagli scarti dell'orzo, unica lettiera compostabile certificata in Europa, smaltibile nel WC, senza odori, totalmente sostenibile, approvata da Legambiente (www.greencat.it).

BeCoBowl: ciotole e palette e lettiere *ecofriendly* realizzate con fibra vegetale, totalmente biodegradabili (www.becothings.com).

NaturaVet: prodotti per l'alimentazione sana e naturale e prodotti per l'igiene degli animali privi di sostanze chimiche di sintesi tossiche (www.onlydog.de/natura-Vet).

Aniwell: prodotti per l'alimentazione sana e naturale, biologica al 100 per cento certificata, senza additivi, senza conservanti e coloranti (www.aniwell.it).

Yarrah: prodotti alimentari biologici per animali domestici privi di derivati del latte, aromi e coloranti di derivazione sintetica senza conservanti artificiali (www.yarrah.com).

Forza 10 Bio: prodotti alimentari biologici per animali domestici senza conservanti e coloranti artificiali, senza appetibilizzanti, realizzati solo con materie prime di alta qualità, selezionate e biologiche (www.forza10.com).

Defu Bio: prodotti alimentari biologici per animali domestici al 100 per cento Bio, privo di carni provenienti da allevamenti intensivi, privo di pesticidi e conservanti, senza OGM, privo di aromatizzanti privo di conservanti chimici e coloranti (www.defu.de).

Zooplus.it: shop on line di prodotti per la nutrizione, per l'igiene, giochi e accessori in cui potete trovare anche articoli ecologici e biologici (www.zooplus.it).

57. Gatti: basta con l'ozio

Al vostro gatto piace oziare, come a tutti i gatti, d'altronde? Per evitargli una vita troppo sedentaria, con conseguente aumento del peso, è arrivato il momento di introdurre qualche attività fisica nella sua routine. A differenza dei cani, ai gatti non potete mettere un guinzaglio e portarlo fuori a fare una camminata (anche se ho visto gatti addestrati a questo già da cuccioli), dunque armatevi di un po' di fantasia e trovate un modo per incoraggiare il vostro gatto a essere più attivo. Dedicate anche solo dieci-quindici minuti, almeno due volte al giorno, al vostro micetto e coinvolgetelo in qualche esercizio divertente. Basta creare una zona gioco dove il gatto può scatenarsi arrampicandosi, magari su un tiragraffi, semplice da costruire, senza spendere soldi, utilizzando materiali di recupero[50], per il quale solitamente i gatti vanno matti.

Se avete gatti giovani non sarà difficile farli giocare – anzi il problema sarà farli smettere – mentre per quelli più adulti e con qualche chilo in più l'attività in cui coinvolgerli dovrà essere più stimolante. Potreste ad esempio invogliare il gatto a giocare a una caccia al topo, realizzando un vero topino con della stoffa, a cui legherete una corda, un pezzo di spago o un semplice filo, facendolo scivolare sul pavimento. Oppure potreste inventarvi un percorso a ostacoli per farlo saltare fino a fargli raggiungere una tappa. Meglio ancora potreste realizzare una scala montando delle mensole al muro a diverse altezze, in modo che lui possa salire e scendere (ma anche delle passerelle tra un mobile l'altro). Potreste lasciare in giro per casa scatole grandi con buchi, i gatti amano nascondersi per poi stupirvi quando li avete trovati. Più facilmente, potreste attirare la sua attenzione con una pallina luminosa, realizzata con qualche foglio di alluminio (quello per avvolgere il cibo) o riciclando buste di patatine, caramelle e biscotti. Insomma con un po' di manualità, ingegno e tempo riuscirete a creare infiniti giochi che non solo stimoleranno l'attività del vostro micione rendendolo più contento e sano, ma che vi daranno la possibilità di passare un po' di tempo con lui, e di non farlo annoiare in vostra assenza. E se volete qualche suggerimento, rimarrete meravigliati dei progetti illustrati sul sito web di Modern Cat (www.moderncat.it).

58. Cani: come insegnare loro ad andare in bicicletta

Come gli essere umani, anche i cani hanno bisogno di almeno trenta minuti al giorno di attività fisica, sia per potenziare la loro muscolatura, e dunque per crescere più forti e sani, sia per un miglioramento del loro stato di benessere in generale. Purtroppo i cani che vengono lasciati troppo tempo in casa da soli, che non vengono portati abbastanza tempo fuori a correre o semplicemente a fare una breve passeggiata, tendono ad adottare comportamenti autodistruttivi, si annoiano e finiscono per deprimersi. Uscire a giocare, correre o passeggiare fa bene al vostro cane e migliora il vostro rapporto con lui.

A seconda della razza e dell'età i cani hanno esigenze diverse, ma supponendo che abbiate un meticcio, di taglia ed età media, fatelo uscire più di una volta al giorno per almeno una mezz'ora. Fatelo correre e inventate giochi divertenti, per stimolarlo anche mentalmente.

Se siete amanti della bicicletta e il vostro cane è in buona salute, ha energia e resistenza, perché non portarlo con voi a correre? Questo potrebbe essere un ottimo modo per fargli fare esercizio divertendosi. Per abituarlo a questa nuova attività, iniziate scegliendo dei percorsi semplici e corti. Le prime uscite dovranno essere di durata breve e a ritmo lento, ovvero pedalate piano. Abituate il vostro fedele amico a correre accanto a voi senza tirare, per non farvi barcollare e cadere. Utilizzate dei comandi semplici per farlo fermare, per non farlo distrarre o per attirare la sua attenzione sulla corsa. Acquistate o costruite un'attrezzatura adatta per portarlo con voi in bicicletta, esistono infatti in commercio degli appositi guinzagli che si attaccano al telaio e che gli lasciano il giusto spazio per muoversi, ammortizzando gli urti. Prendetevi delle pause durante il tragitto per farlo bere (il cane deve essere sempre idratato) e fate attenzione al suo comportamento, se rallenta e si sta stancando. Quando finalmente avrete insegnato al vostro cane ad andare in bicicletta... buona pedalata e mi raccomando, divertitevi!

59. Sicurezza in casa per i vostri animali domestici

Per non mettere in pericolo la salute dei vostri fedeli amici a quattro zampe, in casa adottate questi semplici suggerimenti:

Piante e fiori: fate attenzione alle piante e ai fiori che avete all'interno o in giardino. Alcune specie potrebbero essere tossiche per i vostri animali domestici se ingerite, come ad esempio i gigli (altamente velenosi per i gatti), il tulipano, l'azalea, il ciclamino, l'oleandro e il crisantemo.

Pulizie domestiche: allontanate gli animali quando avete deciso di detergere la vostra casa. Questo perché alcuni detergenti, ma anche deodoranti per l'ambiente, potrebbero irritare e provocare disturbi al naso e alla bocca, se respirati.

Topi: non spargete in giro per casa, anche se in punti nascosti, veleno per topi. Questo infatti, oltre a essere tossico per voi e per l'ambiente, è altamente nocivo e addirittura letale per i vostri animali domestici. Preferite invece trappole più innocue nascondendole in zone dove il nasone curioso non può arrivare.

Farmaci: non lasciate distrattamente in giro, su tavoli o mobili, medicinali di alcun genere. Farmaci specifici, antidolorifici, ma anche semplici pastiglie per il raffreddore, possono essere letali per il vostro animale.

Alimenti pericolosi: come abbiamo già accennato, alcuni alimenti possono essere pericolosi per il vostro cane o il vostro gatto, dunque tenete lontano dalla sua portata, gomme da masticare allo xilitolo, cioccolato, dolci in genere, uva, bevande alcoliche, lievito di birra, caffè, tè, avocado, ma anche cibi ammuffiti o andati a male. Prodotti per l'automobile: tenete ben chiusi in appositi armadietti e fuori dalla portata dei vostri animali olio, benzina e antigelo. Se erroneamente ingeriti potrebbero essere mortali.

Fertilizzanti e pesticidi: tenete lontani i vostri animali domestici, e soprattutto state molto attenti quando uscite a fare passeggiate con loro poiché prati, giardini o piccoli campi possono essere trattati con fertilizzanti chimici, diserbanti e insetticidi.

60. In viaggio con i vostri amici animali

Aria di vacanza? Di seguito, alcuni suggerimenti per rendere il viaggio con i vostri animali più sicuro, divertente e ovviamente *green*.

Strutture turistiche che accettano animali

Prima di partire ovviamente informatevi su quali siano le strutture turistiche tra alberghi, pensioni, B&B, agriturismi, ostelli, campeggi, villaggi, bar, ristoranti, spiagge attrezzate della meta di villeggiatura che avete scelto che accettano gli animali, per essere sicuri di passare una piacevole vacanza con il vostro amico senza farvi e fargli mancare tutti i comfort e i divertimenti. Per un elenco completo delle strutture che accettano i vostri amici potete consultare la sezione viaggi dell'ENPA (Ente nazionale protezione animali), "Vacanze Bestiali", nella quale troverete anche consigli ed eventuali itinerari di viaggio[51].

Fate una visita dal veterinario e ricordatevi il libretto sanitario

Almeno due settimane prima di partire fate una visita dal vostro veterinario di fiducia per un check-up completo, per verificare che il cane o il gatto stiano perfettamente in salute e per informarvi se in base alla destinazione del viaggio ci siano eventuali trattamenti preventivi da fare (come ad esempio il trattamento per la leishmaniosi o la filariosi).

Inoltre verificate che il vostro cane o gatto sia in regola con tutte le vaccinazioni, e ricordatevi di mettere in valigia il libretto sanitario.

Estero? Occorre il passaporto europeo

Per i viaggi in Europa il vostro amico a quattro zampe dovrà essere accompagnato dal passaporto europeo, obbligatorio, rilasciato dai Centri di sanità pubblica veterinaria.

Medaglietta di riconoscimento

Assicuratevi che sulla medaglietta ci siano tutti i dati identificativi del vostro cane o gatto e ovviamente, molto più importanti, i vostri dati con uno o al massimo due numeri di telefono da chiamare in caso di emergenza.

Preparate le sue valigie

Anche i vostri animali hanno bisogno di tutti i comfort quando viaggiano, esattamente come voi. Dunque assicuratevi di aver portato i suoi eco-giocattoli preferiti, lettiera e tiragraffi, guinzaglio e museruola, paletta e bustine per i suoi bisogni, spazzola e antiparassitario, ciotola per l'acqua e ovviamente il suo cibo. Non sarebbe proprio il caso di fargli sperimentare una nuova marca di croccantini proprio quando siete in viaggio, e se gli procurassero qualche tipo di allergia o una brutta indigestione?

Kit del pronto soccorso

Preparate una scatola con tutti i medicinali che potrebbero servire al vostro amico peloso in caso di emergenza, come ad esempio una brutta puntura d'insetto, diarrea, vomito o febbre improvvisa, ma anche eventualmente dei farmaci per il mal d'auto (se viaggiate in auto e i vostri animali ne soffrono).

Viaggio in auto

Non lasciate mai il vostro cane o gatto chiuso in macchina, né in estate né in inverno, fate delle frequenti pause per fargli sgranchire le zampette e per i suoi bisogni, tenete sempre a portata di mano la ciotola dell'acqua, tenete una temperatura confortevole in auto (né troppo caldo né troppo freddo), non fategli assolutamente tenere la testa fuori dal finestrino per annusare l'aria fresca (un insetto o ancora peggio un detrito della strada potrebbe volargli negli occhi o entrare nel naso o nella bocca) e tenete il cane in sicurezza in modo che non possa andarsene in giro per l'automobile.

Viaggio in treno e in nave

Evitate scompartimenti troppo affollati che potrebbero innervosire il vostro animale domestico; anche il gatto nella gabbietta potrebbe essere infastidito da rumori o da persone. Per i viaggi in nave e in traghetto spesso i cani vengono messi nel canile di bordo, in quel caso cercate di andare a trovarlo il più possibile.

Viaggio in aereo

Sarebbero da evitare, in quanto i cani possono viaggiare in cabina solo se entro un certo peso e taglia, che di solito varia in base alla compagnia aerea e all'aeromobile. Nel caso in cui il cane rientri nel peso concesso per la cabina, coprite il trasportino con un telo per evitare che sia disturbato da stimolazioni esterne. Lo stesso vale per il gatto.

Pet-sitter e pensioni nei luoghi di villeggiatura

Se per qualche ragione avete bisogno di lasciare il cane o il gatto a casa anche in vacanza, ad esempio in caso di particolari escursioni, assicuratevi che nel momento che avete predestinato al vostro relax ci siano delle persone esperte che possano accudire i vostri amici, quando voi siete fuori.

O nel caso in cui vogliate partire con il vostro animale domestico, ma non potete accudirlo tutti i giorni e preferite lasciarlo in una pensione nel luogo dove state andando, assicuratevi che la struttura sia adeguata e che l'ambiente sia confortevole. Prima di lasciarlo per lunghi periodi fategli fare escursioni di qualche ora con voi, per abituarlo ed evitare brutti traumi, e lasciate sempre il vostro recapito telefonico per potervi rintracciare in caso di bisogno.

In entrambi i casi, per avere informazioni potreste rivolgervi al veterinario di zona, alle associazioni animaliste o anche al negozio di prodotti per animali più vicino.

Eco-moda

Suggerimenti per un "fresco" armadio *green*

Sicuramente nel sentir parlare di moda molti di voi storceranno il naso non essendo assolutamente interessati alle nuove tendenze, ai look e agli stili sempre più alternativi che ogni anno sfilano in passerella. Ma per alcuni invece la moda è un'estensione del proprio essere, della propria identità, un'espressione di tutto ciò che apprezzano e che vogliono sfoggiare. In entrambi i casi, vi siete mai chiesti quanto possa effettivamente influire l'industria della moda sui cambiamenti climatici? E soprattutto avete mai riflettuto sull'enorme quantità di pesticidi e sostanze chimiche che sono racchiusi nei vostri armadi?

Nonostante negli ultimi anni ci sia stata una maggiore attenzione da parte delle aziende che lavorano nel settore verso temi quali sostenibilità e rispetto dell'ambiente, l'industria della moda continua a portarsi dietro un enorme fardello ambientale e sociale. Dai metodi di coltivazione delle materie prime alla produzione e distribuzione dei capi di abbigliamento fino allo smaltimento degli stessi, la moda è uno dei settori che non solo vanta un elevatissimo volume di affari, ma anche un enorme impatto negativo sull'ambiente. Basta pensare alle grandi quantità di pesticidi, insetticidi, erbicidi e fertilizzanti chimici che vengono utilizzati per la coltivazione tradizionale del cotone, una delle fibre tessili più usate; all'elevato consumo di acqua ed energia per produrre un paio di jeans o una semplice T-shirt; alle emissioni di gas serra rilasciate dalla lavorazione di fibre sintetiche, quali il nylon e il poliestere, realizzate impiegando derivati del petrolio. Per non parlare poi delle molteplici sostanze chimiche tossiche usate per la colorazione, che vanno a inquinare l'aria e a contaminare l'acqua dei fiumi (uccidendo di conseguenza animali acquatici e distruggendo interi ecosistemi)[52], e dei vari trattamenti degli indumenti (tra cui lo sbiancamento, il fissaggio delle tinte, il processo di sabbiatura dei jeans[53], altre fasi dei processi di produzione di abiti, soprattutto sportivi[54]). Senza trascurare le condizioni di lavoro disumane a cui i lavoratori sono sottoposti, sia gli agricoltori sia gli addetti alla raccolta del cotone, continuamente esposti all'esalazione dei composti chimici utilizzati per la coltivazione, sia coloro che operano nelle fasi di produzione a contatto con tinture e trattamenti altamente tossici e dunque insalubri.

A tutto questo dobbiamo aggiungere le migliaia di tonnellate di prodotti tessili, per lo più capi di abbigliamento, che ogni anno noi consumatori, sempre più influenzati dall'evolversi della moda, buttiamo nelle discariche e che di conseguenza vanno a rilasciare nell'aria enormi quantità di gas metano e infiltrazioni tossiche nei terreni. Un processo quasi inevitabile se si pensa all'abbondanza sul mercato di vestiti a prezzi molto vantaggiosi, e dunque più facili da buttare e ricomprare anziché riparare per poi riutilizzarli.

Ma noi cosa possiamo fare per rendere più fragile questa catena di effetti negativi sull'ambiente e sulla nostra salute?

61. Stop agli acquisti impulsivi

Calcolando che la vita media di un capo di abbigliamento, in base al continuo evolversi dei *trends*, è al massimo di una stagione, prima di acquistare un nuovo articolo che poi andrà a finire in un angolo dell'armadio finché non decidiate di sbarazzarvene definitivamente ponderate le vostre effettive necessità. Che c'è di più fastidioso di un guardaroba pieno zeppo di abiti che proprio non funzionano? E allora per evitare tutto questo basta seguire alcuni semplici consigli.

Acquistate con un piano

Se dovete comprare un paio di scarpe, un nuovo paio di jeans o un cappotto, fatelo ma già con un'idea, altrimenti potreste rischiare di tornare a casa con un mucchio di indumenti o scarpe di cui non avete realmente bisogno. Acquistate capi che effettivamente vi piacciono, colori che vi donano e ovviamente pezzi che potete abbinare con il resto del vostro guardaroba. Domandatevi se fra un paio di anni, taglia permettendo, avrete davvero ancora la voglia di indossare quel paio di lucidissimi e aderentissimi leggins.

Ricercate il vintage

È uno dei modi più semplici ed efficaci per ridurre i consumi energetici, relativi ai nuovi capi di abbigliamento, e allo stesso tempo vestirsi trendy dettando voi moda invece di esserne influenzati, e per evitare che altri indumenti finiscano nella discarica. Inoltre entrando in un negozio dell'usato ridarete vita a un vecchio capo di abbigliamento ormai dimenticato, e chissà che non troviate quel vestitino a pois che tanto avevate cercato?

Acquistate la qualità

Non c'è bisogno di spendere troppo, basta cercare il negozio adatto. La moda è talmente fugace che stili e colori diversi cambiano rapidamente di stagione in stagione, così avendo un po' di pazienza, e sapendo dove cercare, è possibile trovare capi di qualità, magari della stagione passata, a prezzi stracciati. Preferite indumenti e scarpe, che possono durare nel tempo anche relativamente allo stile. Quel paio di scarpe decisamente glamour, ma di materiale scadente, possono sembrare belle viste sullo scaffale, ma poi siete sicuri che camminandoci avranno lo stesso effetto? Investite in pezzi che siano in grado di garantire una buona e lunga durata, dai quali potete ottenere il massimo utilizzo evitando sprechi di risorse.

Rivalutate il made in Italy

Perché acquistare abiti per i quali il trasporto è costato tonnellate di CO_2 emesse nell'aria se è possibile comprare abiti e calzature confezionate nel nostro Paese, che quando si parla di moda non ha niente a che invidiare a nessun altro?

E infine, una volta scelto un vestito o un paio di pantaloni, ma anche una semplice T-shirt, prendetevene cura. Quando tornate a casa, cambiatevi e magari indossate qualcosa di più comodo e più vecchio. Imparate a fare i piccoli rammendi, evitando così di dover accantonare una camicia nell'armadio solo perché non siete in grado di ricucire un bottone.

Anche il lavaggio è molto importante, e come già accennato lavate i vostri indumenti a basse temperature e preferibilmente a mano.

62. Cambia look: indossa l'ecofashion

E soprattutto se proprio dovete fare shopping, fatelo in maniera ecosostenibile.

Perché per trasformare le materie prime in vestiti vengono consumate enormi quantità di acqua ed energia, vengono utilizzate migliaia di tonnellate di prodotti chimici, molti dei quali possono causare danni irreversibili alle persone e all'ambiente, i lavoratori vengono sottoposti a esalazioni tossiche e a condizioni di lavoro estremamente ingiuste.

Quindi cosa scegliere?

Cotone biologico: proveniente appunto da coltivazione biologica, in cui non vengono utilizzati fertilizzanti chimici bensì naturali (come il compost), dove vi è una giusta rotazione delle colture, per evitare l'erosione del suolo e per mantenere il terreno sempre sano e produttivo, dove gli insetti e i parassiti non vengono sradicati tramite l'uso di prodotti chimici tossici, ma utilizzando strategie e metodi di coltivazione naturali.

Fibre naturali: oltre al cotone biologico, andate alla ricerca di altre fibre naturali, come il lino, il bambù, pianta dalla crescita molto rapida e per la quale non vengono utilizzati fertilizzanti o pesticidi; la canapa, una delle migliori scelte per tessuti *eco-friendly* grazie alla sua facilità di crescita, non richiedendo per questa molta acqua e soprattutto fertilizzanti, anche se la coltivazione è ancora illegale in alcuni Paesi; la juta, riciclabile e biodegradabile al 100 per cento; il lyocell, o tencel fibra, che proviene dalla lavorazione del legno; la fibra di latte, proveniente dalla lavorazione del latte e infine la fibra di soia, morbida e leggera.

Mentre tra le fibre naturali ma non vegetali: lana biologica (organica) ottenuta da animali allevati in allevamento all'aperto e alimentati senza OGM e ormoni, ma con mangimi provenienti da coltivazioni bio; la seta "non violenta", ottenuta senza bollire i bozzoli dei bachi da seta prima che questi abbiano completato la metamorfosi, ma solo dopo che i bachi, trasformati in farfalle, sono volati via.

Colorazioni naturali: preferite indumenti in tessuti che vengono trattati solo con tinture naturali (quali ad esempio l'indaco), e confezionati adottando processi produttivi che minimizzano l'impatto sull'ambiente.

Come per il cibo, i prodotti cosmetici e quelli per la detersione della casa, non fidatevi quando su un articolo c'è la dicitura *eco* o *biologico*, ma leggete attentamente le etichette e assicuratevi che sia presente la certificazione. Infatti anche la moda biologica ha bisogno di essere certificata, in questo caso lo standard internazionale su cui si basano le certificazioni è il GOTS (Global Organic Texil Standard)[55], che stabilisce le linee guida secondo le quali un prodotto tessile può essere definito effettivamente biologico.

Fibre riciclate: rigenerate e ottenute con scarti di tessuti già esistenti, ritrattati per creare nuovi filati, come ad esempio il cotone, la lana. Ma anche tessuti ricavati da vele di barche, teli di parapendio o paracadute. Oppure fibre sintetiche quali il poliestere riciclato o rigenerato e quello ricavato dal riciclo del PET.

Abbigliamento equo e solidale: prodotto nel rispetto delle persone e dell'ambiente.

Così come per le banane e il cioccolato, anche nella moda entra in gioco il commercio equo e solidale. Acquistate capi di abbigliamento e accessori eticamente prodotti da piccole aziende che fanno parte del commercio equo, e con un semplice gesto potrete contribuire alla lotta allo sfruttamento economico, sociale e ambientale delle grandi multinazionali, e allo stesso tempo indossare indumenti prodotti in fibra naturale per lo più provenienti da coltivazioni biologiche, realizzati con processi a basso impatto ambientale e con un tocco in più: alla moda ed eticamente-chic!

Abbigliamento Vegan, anche per chi non ha fatto una scelta di vita vegan: perché acquistare una borsa in pelle, quando è invece possibile sfoggiare una comoda *eco-bag* o addirittura giacche realizzate in materiali riciclati? Lo stesso vale per le scarpe che è possibile trovare in naturalissimo cuoio vegetale.

Preferire fibre naturali e biologiche, evitando, oltre il cotone coltivato tradizionalmente, anche le fibre sintetiche derivate dal petrolio (il poliestere, a meno che non sia riciclato, e il nylon), è un passo verso il rispetto della Terra e della salute.

Commercio Equo & Solidale

«Il Commercio Equo e Solidale è un approccio alternativo al commercio convenzionale; esso promuove giustizia sociale ed economica, sviluppo sostenibile, rispetto per le persone e per l'ambiente, attraverso il commercio, la crescita della consapevolezza dei consumatori, l'educazione, l'informazione e l'azione politica. Il Commercio Equo e Solidale è una relazione paritaria fra tutti i soggetti coinvolti nella catena di commercializzazione: produttori, lavoratori, Botteghe del Mondo, importatori e consumatori», come recita la Carta Europea dei Criteri del Commercio Equo e Solidale.

Dunque un commercio internazionale alternativo a quello dei grandi mercati tradizionali, nato con l'obiettivo di porre un freno allo sfruttamento dei Paesi più poveri in favore di quelli più ricchi, in cui vi è la volontà di far crescere piccole aziende del Sud del mondo, e di garantire ai produttori e ai lavoratori un trattamento economico-sociale giusto e rispettoso, contrastando il mercato tradizionale che invece basa le sue politiche proprio sullo sfruttamento, nell'ottica del profitto, da parte dalle grandi multinazionali. All'interno del mercato equo e solidale si creano dei canali di commercio alternativi, per offrire degli sbocchi commerciali a piccoli produttori, che altrimenti ne sarebbero estromessi, e con i quali vengono stipulati accordi economici diretti, in cui l'elemento più importante è il prezzo, stabilito in base a criteri di equità. Ciò che caratterizza il commercio equo e solidale è il divieto del lavoro minorile, l'impiego di materie prime rinnovabili, la promozione di produzioni biologiche e di processi produttivi con il minor impatto ambientale possibile. Ai produttori locali vengono garantiti finanziamenti per promuovere le loro attività, formazioni e consulenze tecniche. Molto importanti all'interno del mercato equo e solidale sono gli importatori, in particolare le "centrali di importazione", ovvero organizzazioni che hanno quale attività prevalente l'acquisto di prodotti da organismi di produzione per poi rivenderli alle Botteghe del Mondo. In Italia tali organizzazioni sono Altra Qualità, Altromercato, Commercio Alternativo, Ravinala, Equomercato, Libero Mondo. Ovviamente gli importatori condividono i principi del Commercio Equo e Solidale, e rispettano i criteri elencati nella Carta Italiana dei Criteri del Commercio Equo e Solidale, documento che definisce i valori e i principi condivisi da tutte le organizzazioni di Commercio Equo e Solidale Italiane. Mentre chi si preoccupa di garantire che i prodotti del mercato siano conformi ai criteri sui quali si base il commercio equo solidale, è Fairtrade Labelling Organisations International (FLO)[56], ente certificatore mondiale[57].

63. Ricicla, rielabora, trasforma, crea

Vista l'infinità di modi creativi per riusare vestiti o accessori, perché eliminarli, gettandoli nella discarica, se invece potrebbero essere rinnovati e trasformati in qualcosa di totalmente nuovo e piacevole da indossare? Un intero guardaroba di abiti e accessori sempre nuovi, senza alleggerire il portafoglio, potrebbe essere una realtà e non un sogno, basta applicare una semplice regola: non buttare bensì riciclare. Pensate come uno stilista e combinate, mixate, sovrapponete insieme vari capi d'abbigliamento e accessori. A volte infatti basta un paio di scarpe, una collana, una sciarpa, una cinta o una spilla d'epoca, per il restyling intelligente di un abito che ormai vi ha stancati, perché forse un po' troppo demodé. E quando avete finito le varie combinazioni nell'armadio provate a ridargli nuova vita e dunque nuovo valore, trasformandolo in un capo d'abbigliamento nuovo e all'ultima moda.

Una macchia, uno strappo, un lavaggio venuto male, una taglia troppo piccola o troppo grande, l'usura del tempo o la moda che cambia, non possono essere la causa della separazione dalla vostra gonna o t-shirt preferita. Investite in una macchina da cucire, meglio usata, fate pratica con ago e filo, utilizzando tutorial sul web o riviste per imparare a cucire, e riutilizzatela. Vi mancano le idee? E allora attrezzatevi con riviste, siti on line di moda o sbirciate le nuove collezioni dei vostri stilisti preferiti. Utilizzare abiti usati per crearne dei nuovi, in linea con le ultime tendenze, è una sfida che i giovani designer stanno portando avanti con ottimi risultati. Oltretutto che c'è di più economico e sostenibile se non realizzare un abito completamente nuovo, riciclando del materiale già esistente che altrimenti andrebbe ad aumentare la montagna di rifiuti nelle discariche?

Con un po' di fantasia e abilità potreste ad esempio:

Trasformare una T-shirt extralarge in un vestito-top all'ultima moda o un bikini sexy e all'avanguardia, da sfoggiare in spiaggia.

Cucire insieme vecchie cravatte e realizzare una cintura stile vintage.

Accorciare un abito lungo della scorsa stagione rendendolo così attuale.

Dare un nuovo stile a una maglietta utilizzando eco-pennarelli per il tessuto, e disegnando un logo o una stampa che vi piace.

Quando la temperatura fuori si alza e finalmente si sente odore di estate, invece di correre nei negozi ad acquistare gonnelline e pantaloni estivi, prendete una vecchia T-shirt e trasformatela in una gonna sopra il ginocchio. Basta allargare il collo in base alla vostra taglia, mettere un elastico intorno alla vita, e cucire la parte inferiore delle maniche all'interno della gonna, per farle diventare tasche. Oppure prendete un buon paio di jeans, tagliateli e rinnovateli trasformandoli in degli amabili e cortissimi shorts.

Con l'arrivo dell'inverno, potreste ad esempio tagliare le maniche e il collo a un maglione ormai usurato, o infeltrito, realizzando dei caldissimi guanti, un paio di pantofole da casa o un comodo scalda collo.

Trasformate un vecchio cappotto in una giacca o un giacchetto di jeans in un coprispalle estivo[58].

Insomma, perché eliminare definitivamente quei capi di abbigliamento, che nonostante tutto ci piacciono e ai quali siamo affezionati, se possiamo ridargli vita e indossarli senza spendere ulteriormente nell'acquisto di nuovi? Cucire e trasformare qualcosa di vecchio in qualcosa di nuovo (ma anche il contrario) non è più un rimedio della nonna, ma un'attività gratificante, che sta ridiventando attuale, perché ci permette di non contribuire ad alimentare i consumi eccessivi dell'industria della moda, accumulando vestiti negli armadi, che poi andranno a finire inevitabilmente nelle discariche, ma anche di salvaguardare il nostro portafoglio.

E se con ago e filo proprio non ci sapete fare, non è forse meno costoso portare quel paio di pantaloni di una taglia in più, per una revisione, dalla vostra sarta di fiducia, invece che acquistarne uno nuovo? E che dire di quelle scarpe che per il tanto usarle hanno finito per lacerarsi? Invece di sostituirle con un paio nuovo potreste risparmiare denaro, e portarle a risuolare dal ciabattino sotto casa. Ecco come creare una gonna in pochi secondi[59]:

1. Prendete una t-shirt e tagliate il collo.
2. Giratela al rovescio e cucite le maniche.
3. Infilate all'interno della maglia le maniche cucite.
4. Chiudete la vita con un laccio o dei bottoni.

64. È ora di swap!

È arrivato il fatidico cambio di stagione: non sapete più che farvene di quella camicia che vi ha regalato il vostro ex fidanzato, o di quel paio di scarpe comprate in una giornata di shopping compulsivo, e che non si addicono proprio al vostro look? Quale migliore idea se non quella di organizzare, magari proprio a casa vostra, uno *swap party* per scambiare i vestiti con le vostre amiche? Lo *swap*, letteralmente "lo scambio", di capi di abbigliamento e accessori, è un ottimo modo per dare a quei vestiti che avete rilegato in fondo all'armadio, una nuova prospettiva di vita, anche se quella vita non è più con voi, nonché passare del tempo chiacchierando e divertendovi con le vostre care amiche.

E allora ecco come organizzare un perfetto swap party:

Programmate lo swap all'inizio di una nuova stagione (in estate o in inverno ad esempio), ovvero nel momento in cui passate in rassegna tutto ciò che avete nell'armadio.

Spedite inviti alle amiche con giorno, data e luogo dello swap (per e-mail o approfittando dei social network), almeno una settimana prima, per dargli tempo di raccogliere gli indumenti.

Preparate dolcetti, biscotti, torte salate e bevande come tè, tisane, succhi di frutta (bio) e frullati, ovviamente tutto fatto con le vostre mani.

Mettete della musica e perché no, fatevi un bel servizio fotografico.

Create l'atmosfera di un negozio, installate specchi a figura intera (se non li avete, fateveli prestare), adibite una stanza a spogliatoio e sistemate gli elementi per categoria: le scarpe in una zona, i capi di abbigliamento e gli accessori in altre (potreste anche dividere per colori o taglie). Ricordatevi di sentirvi libere di usare la vostra fantasia.

Assicuratevi che tutti i partecipanti portino elementi che sono davvero disposti a cedere, non c'è niente di peggio che innamorarsi di un maglioncino di una vostra amica, per poi sentirsi dire «...forse ci sto ripensando!». Inoltre chiedete alle partecipanti di portare indumenti in buone condizioni e ovviamente puliti.

Organizzate giochi o quiz per vincere un capo, se più persone lo vogliono.

Donate tutti gli indumenti che non siete riusciti a scambiare in beneficenza, oppure se ci sono pezzi davvero glamour considerate l'idea di partecipare a un mercatino per venderli.

La parola d'ordine è: divertimento! Alla fine della festa non solo ognuna tornerà a casa con i suoi tesori meravigliosi, ma tutte avrete contribuito ad aiutare il pianeta e a diminuire il vostro impatto sull'ambiente. Per le più pigre, per chi ha sempre mille impegni, e soprattutto per chi preferisce "swappare" comodamente da casa, potreste dare un'occhiata alle vetrine dei vari portali web per lo swap italiani, come Suit Of the City (www.suitofthecity.it) o Swap Club Italia (www.swapclub.it).

65. Vendete o donate

Che c'è di male a fare un po' di soldi vendendo i vostri scarti? Potreste recarvi nei negozi di abiti usati, oppure allestire un banchetto nel mercatino della vostra zona. O ancora, se non volete faticare troppo nello sbarazzarvi dei vostri indumenti, attrezzatevi con una macchinetta fotografica, e iniziate una vendita on line attraverso eBay o altri portali che si occupano del settore.

Mentre se non siete riusciti a scambiare, riutilizzare o a vendere, allora donate! Le possibilità sono infinte. Infatti in ogni città è facile trovare organizzazioni e associazioni, che raccolgono vestiti e scarpe usate per destinarli a chi ne ha bisogno. Basta contattare l'organizzazione più vicina e preparare una scatola con tutti gli indumenti che avete deciso di donare.

66. Riduci, riusa, ricicla

Niente ha bisogno di finire in una discarica. E se non vale la pena di riciclare, scambiare donare, vendere o rammendare, è possibile trovare nuovi usi per oggetti che altrimenti finirebbero nel cestino. Dunque scucite, tagliate e trasformate i vostri vecchi capi di abbigliamento in qualcosa di totalmente diverso:

Una T-shirt troppo stretta o corta può diventare una sporta per la frutta e la verdura.

Un paio di jeans ormai logoro, con un po' di fantasia, e magari seguendo un *tutorial*, può essere trasformato in un eco-case per iPhone o iPad, oppure una sacca dove riporre le scarpe.

Un paio di calzini possono diventare degli ottimi panni per spolverare, dei sacchetti per riporre gli oggetti o un porta-bevande per mantenere sempre caldo il vostro tè;

un vecchio reggiseno può diventare un sacchetto profumato per i cassetti.

Un vecchio paio di scarponi o di stivali bassi, potrebbe diventare un utilissimo vaso dove far crescere spezie ed erbette;

vecchi maglioni infeltriti possono diventare una calda cuccia per il vostro amico a quattro zampe.

Camicette o magliette colorate potrebbero diventare delle simpatiche tende per la stanza da bagno o per la cucina.

Invece di acquistare della carta, divertitevi a incartare i regali con foulard, magliette, canottiere, insomma tutto ciò che si adatta ad avvolgere un oggetto.

E se avete bisogno di qualche idea basta consultare la sezione Riciclo e Riuso di greenMe.it[60].

In sole tre parole: riduci, riusa, ricicla!

Gioielli: guida all'acquisto

Cimeli preziosi senza tempo, i gioielli sono da sempre i migliori amici di una donna, come dimenticare la celebre frase di Holly in *Colazione da Tiffany*: «Io vado pazza per Tiffany... specie in quei giorni in cui mi prendono le paturnie». Ma se quando acquistiamo un abito o un paio di scarpe dobbiamo scegliere con cura, quando si tratta di acquistare una collana o un paio di orecchini la scelta diventa ancora più importante. Avete infatti mai pensato a dove e come è stato fatto quel gioiello protagonista indiscusso dei vostri sogni?

Purtroppo l'estrazione di metalli e pietre preziose ha un costo molto elevato per l'ambiente.

Le miniere d'oro, ad esempio, rappresentano una delle fonti maggiori di inquinamento da mercurio, un potente metallo tossico. Inoltre le miniere a cielo aperto utilizzano detonatori per sbriciolare le rocce, cosicché le zone circostanti sono spesso luoghi desolati e aridi e le falde acquifere vengono inquinate dagli acidi di scarico. In molte miniere d'oro dell'Africa e del Sud America è abbastanza comune l'impiego dei bambini per l'estrazione e la lavorazione di tale metallo, i quali non solo sono costretti a condizioni di lavoro disumane, ma anche non sicure per la loro vita, subendo dei gravissimi danni alla salute dovuti alle fatiche insopportabili per la loro età, ai pericoli di crolli e alle inalazione di sostanze tossiche.

Per non parlare poi dei diamanti e di tutti i conflitti legati al commercio di queste preziosissime pietre. Conflitti che hanno devastato, e continuano a farlo, gran parte del continente africano (Angola, Sierra Leone, Liberia, Costa d'Avorio, Congo e Zimbabwe), dove i "diamanti sporchi" o "diamanti insanguinati"[61] sono estratti da civili, obbligati a lavorare sotto minaccia nelle zone controllate da gruppi ribelli, finanziando così l'acquisto delle armi e dell'equipaggiamento militare.

L'impatto ambientale e sociale quando si acquista un gioiello dipende dunque principalmente dall'uso delle risorse naturali e umane necessarie alla fabbricazione, ma anche dagli enormi consumi legati ai trasporti e agli imballaggi. Anche se l'umanità ha amato, per secoli, la lucentezza dell'oro o il bagliore delle gemme preziose, ha anche però consumato, scavato, e distrutto, nella ricerca di questi, interi ecosistemi.

Ma è arrivato il momento di svegliare la nostra coscienza! Quando si acquista un gioiello ognuno di noi ha il diritto e il dovere di essere consapevole della sue origine, della sua provenienza e delle conseguenze che la sua realizzazione comporta.

67. Scegli il vintage

Come non apprezzare ed essere orgogliosi di indossare un pezzo d'epoca? Invece di acquistare un gioiello nuovo di zecca, recatevi presso negozi di antiquariato o vintage, eviterete in questo modo che altre risorse naturali vengano estratte dalla terra, risparmiando ulteriori emissioni di carbonio e dando così una seconda vita a un monile prezioso dall'elevata qualità artigianale.

68. Equo & locale è più chic

Quando acquistate un gioiello nuovo, considerate sempre con cosa, come e da chi è stato creato. Sfido chiunque a portare con disinvoltura un anello, per la quale estrazione dell'oro sono state sfruttate delle persone. Come per tanti altri prodotti, si possono trovare dei magnifici gioielli equi e solidali, certificati, realizzati con materiali locali, spesso sostenibili e provenienti da fornitori che non impiegano manodopera minorile, e che garantiscono ai propri dipendenti un salario equo e le giuste condizioni sanitarie.

O ancor meglio acquistate dai piccoli artigiani locali. Contribuirete in questo modo se non altro al mantenimento di questa meravigliosa arte orafa. Inoltre, essendo per la maggior parte pezzi unici e ineguagliabili, avrete l'esclusiva di quello che state indossando.

69. Acquistate *conflict-free*

Da dove provengono i vostri diamanti? Come sono stati estratti? Qual è la vostra politica relativa all'acquisto dei diamanti? Potete mostrarmi una garanzia scritta dai vostri fornitori di diamanti, che affermi che il ricavato non finanzi conflitti? Queste sono le quattro importantissime domande che dovete rivolgere al gioielliere presso il quale state per acquistare un meraviglioso e "per sempre" diamante.

70. Alla ricerca di materiali sostenibili

Per un matrimonio *green*, che c'è di più prezioso e romantico se non suggellare il vostro amore scambiandovi delle eco-fedi nuziali in oro riciclato?

Proprio perché l'estrazione di pietre preziose e metalli dal suolo è un processo devastante per l'ambiente, sempre più designer di gioielli stanno prendendo la via *eco-friendly* di utilizzare, per realizzare le loro opere d'arte, materiali riciclati o rigenerati e non sottoposti a trattamenti chimici, ma anche gemme sintetiche che non hanno nulla a che invidiare a quelle naturali.

E per risparmiare un po' sull'acquisto è possibile trovare

molteplici e meravigliosi gioielli in materiali riciclati anche sul web. Diverse sono infatti le opzioni, ad esempio sul portale Green Karat (www.greenkarat.com), non solo è possibile personalizzare modelli già esistenti o addirittura idearli, utilizzando esclusivamente materiali riciclati, ma c'è anche la possibilità di riusare per la creazione dell'oro personale che magari è riposto in un cassetto remoto e che non viene più indossato.

Ma se invece avete in mente qualcosa di più alternativo e alla moda, sia da regalare sia per voi stessi, e siete degli amanti dell'hi-tech, che ne pensate di un bell'anello creato riciclando tasti di vecchie tastiere del computer? O ancora di un bel paio di orecchini creati utilizzando memorie o hard disk? Stiamo parlando della *geek jewelry*[62], l'arte di creare gioielli riciclando tecnologia, e contribuendo in questo modo a ridurre i rifiuti RAEE (ovvero derivanti da apparecchiature elettriche ed elettroniche). Gioielli trendy e all'ultima moda che fanno sicuramente impazzire giovani ragazze che vogliono indossare oggetti glamour, di stile ma soprattutto sostenibili.

E se vi metteste alla prova e, con un po' di pazienza e fantasia, realizzaste con le vostre mani dei simpatici orecchini, riciclando vecchi copertoni della bicicletta? Basta decidere la forma, ad esempio una piuma, prendere un piccolo pezzo di copertone (della lunghezza circa di dieci centimetri e della larghezza di cinque) e ritagliarlo nel senso della lunghezza, cercando di dargli la forma che avete scelto, nel caso della piuma basta tagliuzzare i lati. Una volta aver dato alla gomma la forma desiderata, applicate a un'estremità un gancetto per indossarli[63].

Oppure se avete voglia di una collana che non passi proprio inosservata, procuratevi una cravatta da uomo di un colore o di una fantasia che vi piace, e applicate sui due lati una zip abbastanza lunga che si abbini con il colore della cravatta e che consenta di chiuderla una volta avvolta intorno al collo come una sciarpa. Da indossare su una semplice T-shirt bianca o magari sotto una giacca[64].

Ancora, potreste riciclare vecchi negativi per realizzare degli originali orecchini. Tutto quello che vi occorre è un rullino (ovviamente di cui avete già fatto la stampa), qualche perlina colorata e dei gancini per le orecchie, che potete trovare in qualsiasi merceria. Ritagliate una pellicola della lunghezza che desiderate, infilate le perline ai ganci e uniteli ai negativi. In questo modo in pochi semplici passi e con un po' di fantasia, avrete creato dei particolari e simpatici orecchini, che potrete indossare a un party o regalare a una vostra amica, magari scegliendo una pellicola in cui è impressa proprio la sua immagine[65].

Un po' di numeri

240.000 tonnellate di prodotti tessili che finiscono nelle discariche italiane ogni anno[66].

25 per cento e 10 per cento rispettivamente percentuali insetticidi e pesticidi usati in tutte le coltivazioni mondiali di cotone tradizionale[67].

99,8 per cento la percentuale della produzione globale dei diamanti grezzi detenuta dal KP (Kimberley Process), l'accordo di certificazione volto a garantire che i profitti ricavati dal commercio di diamanti non vengano usati per finanziare guerre civili. L'accordo è stato messo a punto e approvato con lo sforzo congiunto dei governi di numerosi Paesi (49 Stati membri), di multinazionali produttrici di diamanti, e della società civile[68].

Eco-viaggi

Viaggi: come proteggere l'ambiente anche in vacanza

«Lo sviluppo del turismo deve essere basato sul criterio della sostenibilità, ciò significa che deve essere ecologicamente sostenibile nel lungo periodo, economicamente conveniente, eticamente e socialmente equo nei riguardi delle comunità locali ospitanti»[69].

Finalmente è arrivato il momento di prendervi il meritato break e di fare una rilassante o perché no avventurosa vacanza, e che si tratti di un viaggio di svago, di riposo, per evadere dalla routine o per conoscere altri luoghi e altre culture, l'importante è che avvenga nel totale rispetto dell'ambiente e delle tradizioni locali. Già, perché ogni viaggio ha un enorme impatto ambientale, soprattutto se programmato nei periodi di maggior concentrazione, e se non ci siamo fatti mancare proprio niente. Questo perché essendo il settore del turismo una vera e propria industria[70], come tutte le industrie lascia la sua enorme impronta sulla Terra. Sempre in forte espansione a livello internazionale, per limitare al minimo il suo impatto è dunque indispensabile gestire al meglio questo settore, rendendolo uno strumento da poter utilizzare non più per distruggere bensì per contribuire a salvaguardare la natura e le sue culture. E proprio perché ogni viaggiatore, anziché essere turista passivo, è protagonista di ogni suo spostamento di piacere, interagendo con l'ambiente circostante ha il potere e il dovere di trasformare il tradizionale modo di viaggiare (che non è solo visitare luoghi, scattare foto e acquistare souvenir), in un'esperienza unica in cui non solo può finalmente trascorrere quella vacanza da sogno da tanto attesa, ma anche garantire che il proprio denaro speso vada a vantaggio della natura e delle culture locali. Perché l'ambiente deve essere tutelato e le tradizioni locali rispettate, da quelle paesaggistiche e culturali a quelle enogastronomiche, in quanto prodotto e testimonianza dei modelli di civilizzazione e di cultura, che si sono costituiti nel tempo.

Dunque partendo dal presupposto, come dice l'antropologo Duccio Canestrini, che per «essere alternativo in maniera intelligente ("e aggiungo sostenibile"), il turismo deve darsi dei limiti[71]», e che chiunque può essere un viaggiatore responsabile, sia che voglia immergersi nella natura della foresta pluviale, o che voglia tuffarsi in una mare tropicale, ma anche visitare una città europea oppure semplicemente rimanere nella propria regione, ecco allora qualche consiglio per aiutarvi a risparmiare denaro e a godervi una vacanza nel totale rispetto della natura e di voi stessi.

71. Organizzate in modo *eco-friendly* il vostro viaggio

Avete intenzione di partire con tutta la famiglia, con gli amici o di affrontare un viaggio individuale? L'essenziale è pianificare con cura la vostra vacanza, per essere sicuri della qualità del viaggio e soprattutto per poter risparmiare anche un po'. Se possibile evitate i periodi del turismo di massa, ovvero della così detta "alta stagione", per non aggravare ulteriormente la situazione di sovraffollamento, per godere pienamente delle bellezze della località, città o luogo che state visitando, e ovviamente per poter usufruire di offerte e sconti su prezzi dei mezzi di trasporto – anche se partite in macchina, un'autostrada libera e scorrevole è molto più conveniente, di una in cui le file ai caselli possono durare anche giornate intere – della sistemazione e del cibo. Programmate il viaggio in anticipo, con una certa flessibilità e magari scegliendo date intermedie; in questo modo potreste godervi il silenzio di una splendida spiaggia anziché il fracasso tradizionale di ferragosto, ma anche scendere una pista innevata senza dover fare a gomitate sugli impianti di risalita, e risparmiare notevolmente sul costo del biglietto aereo se avete optato per una destinazione oltreoceano.

Se siete viaggiatori indipendenti, informatevi il più possibile su sistemazioni sostenibili presenti nei luoghi in cui vi volete recare, attraverso siti specializzati sull'eco-turismo, sui social network, sulle guide on line, cartacee o libri. Cercate di partire bene informati su usi, costumi e cultura della destinazione scelta, su mercati eventi e fiere, sui trasporti, sulla possibilità di affittare biciclette o veicoli elettrici. Ma se invece proprio vi mancano le idee o non avete tempo per organizzarvi, vorreste trascorrere una vacanza al mare ma anche visitare luoghi e città d'arte, oppure state pensando a un viaggio in cui tuffarvi totalmente nella natura, in campeggio o forse no, meglio in hotel, insomma se non avete proprio le idee ben chiare, allora lasciate fare agli esperti del settore e rivolgetevi alle agenzie che si occupano di turismo consapevole. Attenzione però a non imbattervi in finti operatori eco-turistici che sfruttano l'etichetta senza rispettare quelli che sono effettivamente i principi e gli ideali del viaggiatore responsabile[72].

A chi rivolgersi

Associazione Italiana Turismo Responsabile (AITR): l'associazione opera per qualificare, divulgare, ricercare, aggiornare, tutelare i contenuti culturali e le conseguenti azioni pratiche connessi alla dizione "turismo responsabile", promuove la cultura e la pratica di viaggi di turismo responsabile e favorisce la conoscenza, il coordinamento e le sinergie tra i soci (www.aitr.org).

Alpine Pearls: è il punto di riferimento per una vacanza sulle Alpi in mobilità dolce, una vacanza senza auto e al 100 per cento ecocompatibile. Alpine Pearls è un'associazione di ventiquattro splendide località alpine provenienti da Germania, Francia, Italia, Austria, Slovenia e Svizzera, che cooperano per garantire un turismo rispettoso dell'ambiente di alta qualità, nel quale il tema centrale è proprio quello di una mobilità dolce integrata a energie rinnovabili, offrendo vacanze piacevoli e senza stress a diretto contatto con la natura (www.alpine-pearls.com).

The International Ecotourism Society: associazione internazionale che promuove l'ecoturismo in aree naturali per conservare l'ambiente e migliorare il benessere delle popolazioni locali, creando una rete internazionale di persone e istituzioni (www.ecotourism.org).

Sustainable Travel International (STI) organizzazione leader nello sviluppo del turismo sostenibile, con la missione di promuovere lo sviluppo sostenibile attraverso il turismo responsabile, fornendo programmi che aiutano i viaggiatori, imprese e destinazioni, proteggere l'ambiente, preservare il patrimonio culturale e promuovere lo sviluppo economico (www.sustainabletravelinternational.org).

72. Alla riscoperta del nostro Bel Paese

Terre esotiche o città straniere sono sicuramente delle mete a cui non bisognerebbe mai rinunciare, perché visitare e conoscere il mondo è una delle opportunità più grandi che l'epoca moderna ci offre, ma se il tempo per prendervi questa pausa è poco o avete voglia di non allontanarvi troppo, perché non puntare alle meravigliose spiagge, alle belle città d'arte o alle affascinanti montagne che la nostra penisola ci offre?

Ma non solo, infatti meravigliosi parchi nazionali, aeree naturali protette, catene montuose e piccoli borghi sono mete alternative che l'Italia vanta, per riscoprire l'antico piacere del viaggio (senza dover necessariamente attraversare oceani), le vecchie tradizioni e i sapori genuini, contribuendo allo stesso tempo allo sviluppo e al mantenimento delle economie locali. Un patrimonio culturale e paesaggistico, quello italiano che non conosce solo splendide coste e città, ma anche altre situazioni in cui è possibile godere e valorizzare le produzione tipiche del made in Italy.

73. Scegliete alloggi *green*

Scegliete di soggiornare e dunque di finanziare strutture che minimizzano il loro impatto sull'ambiente e ben integrate nel contesto naturale, proprio per favorire lo sviluppo delle popolazioni e delle culture locali, ovviamente sempre in base alle vostre esigenze.

Eco-alberghi

Un mega resort a cinque stelle nel bel mezzo di una giungla non è un eco-albergo! Non basta essere immersi in una natura incontaminata per poter essere etichettati come *eco-friendly*. Una struttura ricettiva per essere definita "sostenibile" deve essere certificata da un apposito ente, e rispettare degli standard minimi in materia di prestazioni ambientali, come ad esempio costruzione in bioedilizia, risparmio energetico e idrico, riduzione e differenziazione dei rifiuti, promozione del trasporto sostenibile, somministrazione di prodotti tipici locali e biologici, promozione di attività turistiche ecocompatibili. Relativamente alla certificazione, all'interno dell'Unione Europea, un segno ufficiale di qualità ambientale di beni e servizi è la certificazione Ecolabel[73].

Ma Ecolabel non è l'unica certificazione, infatti in Italia, a certificare strutture ricettive c'è anche ICEA con il marchio Eco-Bio Turismo, e in particolare Legambiente Turismo, con il marchio Consigliato per l'impegno in difesa dell'ambiente[74]. Questo marchio di qualità contraddistingue le strutture ricettive (hotel, camping, agriturismi, ostelli per la gioventù, residence, B&B) e turistiche che adottano adeguate misure per ridurre l'impatto delle proprie attività sull'ambiente e per promuovere il territorio circostante. Anche in questo caso, alle aziende aderenti viene richiesto l'adempimento di alcuni obblighi tra cui la raccolta differenziata e la riduzione del volume dei rifiuti, la riduzione del consumo di acqua, efficienza energetica, somministrazione di prodotti alimentari locali e provenienti da agricoltura biologica, promozione dell'enogastronomia locale, promozione del trasporto collettivo, promozione del trasporto in mobilità dolce (biciclette e veicoli elettrici), contenimento del rumore, diffusione sul patrimonio culturale della zona[75].

Ovviamente non è sufficiente soggiornare in un eco-albergo per essere dei turisti consapevoli, è necessario seguire delle regole, e allora abituatevi a portare in valigia la vostra biancheria da bagno, i vostri prodotti per la detersione (ovviamente ecologici), non comprate acqua in bottiglia e portate sempre con voi una borraccia in alluminio (dove sia possibile avere acqua potabile), cercate di ridurre i vostri rifiuti, differenziate, mangiate in ristoranti tipici assaggiando prodotti locali e soprattutto divertitevi[76].

Albergo diffuso

Avete voglia di fuggire dalla città, dai suoi ritmi frenetici e dalla sua aria altamente inquinata?

E quale la soluzione migliore se non quella di rifugiarvi in uno dei meravigliosi "alberghi diffusi" della nostra penisola in cui potrete vivere l'esperienza di un piccolo borgo, in montagna o in collina, ma anche al mare, assaporare il cibo genuino, le abitudini di vita, il silenzio e soprattutto la freschezza dell'aria? Come dice la parola stessa, infatti, l'albergo diffuso rappresenta la soluzione ideale per chi vuole dormire in una struttura ricettiva che offra tutte le comodità di un servizio alberghiero e allo stesso tempo vivere l'esperienza di un piccolo centro storico o di un paese, alloggiando in appartamenti o camere ubicati nel cuore del borgo, e usufruendo però di tutti i servizi che offre un albergo, come la ristorazione tipica locale, l'accoglienza o gli spazi comuni.

Forma alternativa di alloggio a basso costo e impatto ambientale, il concetto di albergo diffuso nasce proprio per permettere a piccoli borghi e paesi caratterizzati da centri storici di interesse artistico e architettonico, che altrimenti sarebbero spopolati, di rifiorire sfruttando l'aspetto turistico della zona, il paesaggio, i prodotti genuini e l'ospitalità degli abitanti, recuperando e valorizzando vecchi edifici chiusi e non utilizzati già esistenti, come stalle o vecchi immobili rurali, evitando così di edificarne di nuovi. Dunque una forma ricettiva originale, che però per essere chiamata appunto "albergo diffuso" deve avere dei requisiti particolari proprio per differenziarsi da altre strutture turistiche, come ad esempio la gestione unitaria, l'offerta di servizi alberghieri e di ambienti comuni, un ambiente "autentico", la presenza di una comunità viva, una gestione professionale ecc., previsti dal *Manifesto dell'albergo diffuso*[77].

Per chi vuole alloggiare in un luogo che lo faccia sentire un po' a casa e un po' in albergo, basta collegarsi al sito web www.albergodiffuso.net, dove troverete l'elenco delle strutture che rispondono alle caratteristiche dell'"albergo diffuso", e prenotare il vostro soggiorno in queste pregiate oasi di relax.

Agriturismo

Volete trascorrere una vacanza all'insegna del benessere, a contatto con la natura, dove portare la vostra famiglia ma anche i vostri amici a quattro zampe? Preferite l'agriturismo! Dove potrete riscoprire i profumi e i sapori della tradizione, dove, dopo una giornata ricca di escursioni e passeggiate all'aria aperta, ma anche semplicemente all'insegna dell'ozio, potrete accontentare il vostro palato con cibi genuini, biologici e soprattutto locali, direttamente dall'orto alla tavola. E se non bastasse, la maggior parte degli agriturismi in Italia (ben il 99,3 per cento[78]) ha adottato o sta adottando misure sempre più sostenibili, proprio per minimizzare l'impatto sull'ambiente, come ad esempio il riciclo di scarti di produzione agricola, l'adozione di fosse biologiche di nuova generazione, l'installazione di pannelli solari. Insomma, sempre più servizi all'insegna del rispetto dell'ambiente per garantire un'offerta migliore e ricca ai loro ospiti, a prezzi oltretutto molto ragionevoli. Ma attenzione anche in questo caso ai finti agriturismi, e soprattutto ricordatevi che se avete scelto questo tipo di vacanza, non potete spaventarvi nel trovare nella doccia o in camera qualche formichina. Dopotutto siete finalmente in mezzo alla natura.

Glamping

Cosa c'è di più sostenibile e *green* se non dormire in una tenda sotto le stelle? Ma se il campeggio fosse anche eco e di lusso? Per chi ama la natura, l'aria pulita, il paesaggio incontaminato, per chi vuole ritornare un po' alle origini lontano dalla città, dalle automobili, stare a contatto con la Terra, conoscere nuove persone, ma non intende rinunciare alle comodità, alle sue abitudini, e quindi vuole sdraiarsi su un materasso, sostituire il sacco a pelo con della morbida biancheria da letto, usufruire di servizi igienici privati, e soprattutto per chi è a disagio solo a sentir pronunciare la parola *campeggio*, ma nonostante questo vuole provare l'emozione di una vacanza all'aria aperta, ora la soluzione c'è: il *glamping*, letteralmente *glamour-camping*, ovvero un campeggio di lusso ma rigorosamente *eco-friendly*[79].

Sempre più diffusi in Europa e nel mondo, anche in Italia stanno prendendo piede questi campeggi alternativi, adatti a tutti coloro che vogliono una vacanza nella natura senza dover però "soffrire le pene" del tradizionale campeggio, e oltretutto a basso impatto ambientale[80]. Perché ciò che caratterizza il campeggio con glamour non è solo la comodità degli alloggi, ma anche la leggerezza e la sostenibilità delle strutture, all'avanguardia ed ecologiche, arredate con materiali e tessuti sostenibili – per esempio biancheria in cotone ecologico, materassi in lattice, strutture sostenibili – e in totale armonia con la natura. Ma non solo, raccolta differenziata, impianti fotovoltaici, riduttori del flusso dell'acqua, ristorazione biologica e locale, sono i punti di forza di questa forma originale e particolarmente trendy di sistemazione.

74. Mangiate locale e biologico

Dimenticatevi i fastfood e provate l'esperienza di assaporare il cibo locale. Preferite piuttosto ristorantini o tavole calde dove vengono serviti piatti tipici e tradizionali del posto. Se invece volete risparmiare un po', fate la spesa presso i mercati o i piccoli alimentari, dove potreste farvi confezionare un buonissimo e saporito panino con formaggi, verdure o altri prodotti provenienti da allevamenti e aziende agricole locali, biologici e genuini.

Trasporti: suggerimenti "verdi" per risparmiare denaro e carburante

Le automobili sono una delle più grandi contraddizioni del nostro tempo. Meraviglie di ingegneria ma anche grande minaccia per la vita sulla Terra. Creano convenienza e comodità ma allo stesso tempo traffico, ingorghi e ovviamente stress. E se non bastasse, i prezzi dei carburanti continuano a salire in maniera esponenziale, e il denaro nei nostri portafogli continua a evaporare sempre più velocemente. Nonostante questo, un numero esageratamente elevato di autovetture continua a circolare nelle strade delle nostre città (l'Italia a oggi ha uno dei più alti indici di motorizzazione al mondo, seicento autovetture ogni mille abitanti)[83]. Tutto ciò si traduce di conseguenza in un enorme quantitativo di agenti inquinanti sprigionati nell'aria, che noi quotidianamente respiriamo (in Italia il settore dei trasporti è responsabile dell'emissione di 128,5 milioni di tonnellate di CO_2 l'anno, di cui il trasporto su gomma costituisce il 92 per cento)[84]. L'Unione Europea con la direttiva 443/2009 ha cercato di dare una soluzione, almeno in parte, a questo problema, dando il via a un sistema per raggiungere obiettivi di riduzione delle emissioni dalle nuove auto immatricolate[85], imponendo alle case automobilistiche la progressiva sostituzione dei modelli non più efficienti. Ma questo ovviamente non basta.

Se vogliamo contribuire ad alleggerire la nostra impronta ecologica[86] sull'ambiente, se vogliamo ridurre i nostri consumi di carburante complessivi, e quindi riuscire a spendere di meno salvaguardando anche i nostri risparmi, la prima cosa intelligente da fare è chiedersi se davvero abbiamo bisogno di possedere e utilizzare una macchina. Se la risposta è sì, ci sono molte cose che possiamo fare per risparmiare denaro e risorse dell'unico pianeta su cui viviamo.

75. Mezzi di trasporto sostenibili e alternativi: treno, *car pooling*

Organizzate il vostro viaggio in modo da ridurre al minimo le emissioni di CO_2 nell'aria, dunque lasciate a casa la macchina e preferite il treno, almeno per gli spostamenti in Europa. Questo perché utilizzare il treno garantisce rispettivamente la produzione del 70 e del 60 per cento di gas serra in meno, rispetto all'aereo o all'automobile. Il treno è infatti il mezzo più vantaggioso non solo in termini di velocità e comfort, ma anche per quanto riguarda il rispetto dell'ambiente[81].

Se però l'opzione obbligatoria è l'aereo, almeno cercate di prenotare voli diretti evitando troppi scali. E quando siete arrivati a destinazione ed è finalmente iniziata la vostra vera vacanza, spostatevi a piedi o in bicicletta (per i più pigri anche elettrica può andar bene). Oltre a essere un modo sostenibile e divertente per visitare i luoghi del vostro soggiorno, è anche un'ottima scusa per fare dal sano movimento. E se proprio non fosse possibile, allora utilizzate trasporti pubblici o i veicoli elettrici.

Mentre per chi alla macchina proprio non vuole o non può rinunciare, almeno limitate le emissioni durante il viaggio. Un'alternativa è condividere l'auto con altri turisti che hanno deciso di spostarsi in macchina. Attraverso vari siti di *car pooling*[82] potrete trovare persone che come voi hanno optato per questa forma di trasporto, perché hanno dei posti liberi in auto e vogliono sfruttarli per viaggiare risparmiando denaro, CO_2 e ovviamente fare i loro spostamenti in compagnia.

E per una maggiore sicurezza delle donne, esiste anche l'opzione viaggio rosa!

76. Al volante a zero emissioni

Se la vostra macchina consuma effettivamente troppo, forse è arrivato il momento di prendere in considerazione una sostituzione, quindi perché non puntare all'acquisto di un modello elettrico o ibrido? Innanzitutto cerchiamo di capire la differenza. Le auto elettriche sono esclusivamente alimentate con batterie a ioni di litio (entro il 2025 saranno pronte batterie al litio silicio o addirittura quelle al litio aria) dunque una volta finita la carica non possono più muoversi. Mentre quelle ibride sono alimentate da una batteria più piccola, sempre a ioni di litio, e quando questa si scarica entra in funzione il carburante, oppure è lo stesso carburante che fa da ricarica alla batteria.

Anche se per avere prestazioni migliori dovremmo aspettare ancora qualche anno, dalle *citycar* o berline a quattro posti, alle super sportive il mercato delle auto a zero emissioni sta facendo grandi passi, ed è già in grado di soddisfare ogni esigenza. Ma perché dirigersi verso questo tipo di scelta? Innanzitutto perché sono *eco-friendly* al 100 per cento, in quanto non bruciano combustibile fossile avendo al posto del serbatoio una batteria a ioni di litio; anche se ancora un po' troppo costose – gli incentivi statali, previsti per l'acquisto di un'auto ecologica, sono molto interessanti – sono in realtà molto più economiche nell'uso quotidiano rispetto agli automezzi "tradizionali" (pensiamo solo al costo dell'energia per una ricarica "media" di 6/8 ore per garantire 100/150 km di autonomia), e hanno esigenze di manutenzione di molto inferiori. Ovviamente sono macchine da usare prevalentemente in città, soprattutto quelle elettriche, avendo un'autonomia ancora limitata. Ma se per il momento l'elettrico non è fatto per le vostre tasche o esigenze, almeno optate per auto a GPL o a metano, ecologiche e che vi faranno risparmiare notevolmente.

77. Verso una guida più... eco

Una guida impulsiva e una cattiva manutenzione sono le principali cause non solo del maggior consumo di carburante (tra il 10 e il 25 per cento in più) e di denaro, ma anche di molteplici problematiche che con il tempo possono presentarsi. Adottare uno stile di guida più *green*, potrebbe inoltre portare a una mancata emissione di circa centomila tonnellate di CO_2 l'anno.

Dunque, per prima cosa evitate frenate improvvise, brusche accelerazioni e mantenete una velocità – non troppo elevata – costante di crociera, soprattutto quando siete in viaggio. Non è una novità che una macchina consumi di più se invece di un'andatura regolare la guida è a scatti, alternando violente accelerazioni e improvvise frenate. Mentre, quando siete nel traffico, non è troppo difficile mantenere sempre la stessa velocità, se si lascia dello spazio tra la propria vettura e quella di fronte! Avanzare lentamente facendo scivolare il veicolo, anziché fermarsi e ripartire, richiede meno energia e meno consumo. Oltre che evitarvi brutti tamponamenti, una guida più morbida vi farà risparmiare ben il 10 per cento di carburante.

Quotidianamente cercate di ottimizzare gli spostamenti in auto, non c'è bisogno di salire in macchina per ogni piccola commissione, magari in alcuni casi i piedi o la bicicletta potrebbero essere un ottimo rimedio per risparmiare carburante e dunque denaro.

Tenete il portabagagli e la macchina leggera. Perché portarsi dietro molteplici oggetti, dalla borsa della palestra alla ruota della bicicletta, se non sono necessari? Alleggerire il peso all'interno della macchina significa anche meno sforzi per il veicolo e meno carburante. E quel portapacchi montato? Se al momento non lo utilizzate, smontatelo!

Evitate l'uso dell'aria condizionata. Lasciate circolare l'aria per rinfrescare la macchina. Utilizzare l'aria condizionata, appena fuori la temperatura si alza, comporta un eccessivo consumo per l'autovettura. Durante la stagione estiva, invece di salire in macchina e accendere il condizionatore, innanzitutto se è possibile parcheggiate l'auto sotto l'ombra e magari una volta dentro aprite i finestrini e aspettate che si rinfreschi.

Non fermatevi ai *fast food drive through*! Oltre a essere nocivi per la vostra salute, tenere la macchina ferma con il motore accesso mentre si ordina o si consuma vi costerà caro.

E infine per guidare, toglietevi quei tacchi e per gli uomini quei grossi scarponi e guidate con delle calzature che abbiano una suola sottile, per sentire la giusta pressione sul pedale. Avete mai visto un pilota di formula uno guidare con un paio di scarpe da trekking?

78. Prendetevi cura della vostra automobile

Gonfiate le gomme fino al livello indicato dal libretto. Questo vi consentirà di ridurre la superficie di strada a contatto con lo pneumatico, dunque l'attrito, e di conseguenza vi permetterà di abbattere il consumo di carburante di oltre il 3 per cento. Inoltre a ogni litro di benzina risparmiato corrispondono chili e chili di anidride carbonica in meno nell'atmosfera. Cambiate l'olio, pulite il filtro dell'aria, cambiate le pasticche, controllate i freni e il motore, insomma fate costantemente un bel check-up alla vostra auto. Una corretta manutenzione del veicolo è un modo intelligente per risparmiare denaro, per risparmiare ulteriore inquinamento all'ambiente e per non essere abbandonati nel bel mezzo del nulla.

79. Lasciate l'automobile a casa

Non tutti saranno in grado di farlo, ma cominciate a immaginarvi una vita senza auto! E per essere preparati, iniziate a piccoli passi. Il primo è quello di lasciare a casa la macchina per brevi spostamenti o commissioni, e prendere i mezzi pubblici, utilizzare la bicicletta o addirittura i propri piedi. Un'alternativa è quella di dare una sbirciatina ai prezzi degli scooter elettrici. Sono un'ottima soluzione per chi deve percorrere giornalmente un bel po' di chilometri nel traffico per arrivare al lavoro. Non inquinano, sono sicuri e ovviamente comodi.

Riflettete sulla possibilità di condividere l'auto. Trovate colleghi che abitano nei dintorni della vostra zona e organizzatevi, magari iniziando con un viaggio in comune una volta alla settimana. Oppure, se questo non è possibile, cercate qualche altro "compagno di vettura" attraverso i siti specializzati in *car-pooling*. Un'altra soluzione è il *car-sharing*[87], ovvero un servizio che permette di utilizzare un'automobile su prenotazione, prelevandola e riportandola in un parcheggio vicino al proprio domicilio, e pagando in base all'utilizzo fatto. Tramite il *car-sharing* è possibile rinunciare all'auto privata senza però dover sconvolgere le proprie esigenze di mobilità, e soprattutto questo servizio consente di risparmiare denaro per l'assicurazione, la manutenzione e tutte le altre spese relative alla gestione dell'auto e infine limitare le emissioni di CO_2 nell'aria.

80. Lavorate da casa

Limitare l'uso dell'auto, preferire la bicicletta, i piedi e i mezzi pubblici, è sicuramente un ottimo modo per ridurre carburante, risparmiare denaro e diminuire le vostre personali emissioni di anidride carbonica nell'aria. Ma non sempre questo è possibile, allora perché non provate a convincere il vostro capo a farvi lavorare da casa? Non solo abbasserete in questo modo i consumi, ma eliminerete l'enorme stress da traffico. In effetti i benefici ambientali ed emotivi del telelavoro sono molteplici, pensate solo a quante macchine in meno circolerebbero nelle nostre città, a quanti pendolari troverebbero una soluzione alla loro situazione. Il lavoro da casa inoltre incoraggia l'uso di comunicazioni elettroniche, diminuendo i flussi di quelle cartacee. La cancelleria d'ufficio, il materiale da stampa, verrebbero debellati dalla lista dei costi e si potrebbe diminuire l'uso di contenitori per pranzo e bevande usa e getta. Cosa vi occorre? Una scrivania, un portatile e un collegamento internet o intranet. Lavorare da casa però non significa rimanere in pigiama tutto il giorno: organizzate la vostra postazione, non fatevi distrarre da TV, radio o smartphone e prendetevi le vostre giuste pause. Se ne volete sapere di più *Telelavoro: la guida per salvare l'ambiente restando a casa*, greenMe.it[88].

Risparmio energetico & riciclaggio

Suggerimenti per rendere la vostra casa più efficiente, risparmiare denaro e proteggere il pianeta

Ricordate quella brutta sensazione di panico che vi ha assaliti in occasione di quell'ultimo e tremendo blackout? Niente TV, niente forno a microonde, niente ascensore e come se non bastasse anche la batteria del cellulare scarica. E che dire di quell'inutile tentativo di trovare la vecchia torcia a pile dimenticata nei cassetti? Purtroppo nonostante le bollette continuino ad aumentare costantemente prosciugando i nostri conti, siamo sempre più dipendenti da ogni forma di energia. Basta pensare che in Italia l'energia che consumiamo ogni giorno per riscaldare e raffreddare le nostre case, per riscaldare l'acqua, per accendere le luci, per alimentare elettrodomestici e dispositivi elettronici ammonta a circa un terzo di quella totale. E gran parte dei gas serra che vengono rilasciati nell'aria derivano proprio da questi enormi consumi energetici. Ma per risparmiare denaro, ridurre le bollette, contenere i consumi e limitare le emissioni nell'ambiente, basta in realtà adottare quotidianamente qualche piccolo accorgimento, per fare un uso più intelligente ed efficiente dell'energia e dell'acqua, senza troppi sacrifici e senza sconvolgere totalmente le nostre vite.

81. Elettrodomestici

Gli elettrodomestici più importanti in una casa quali il frigorifero, la lavastoviglie, la lavatrice e il forno, rappresentano la fetta più grossa sulla bolletta mensile. Se avete in casa elettrodomestici acquistati dieci anni fa, è forse il caso di sostituirli con apparecchi di nuova generazione con il marchio Energy Star® di efficienza energetica[89]. Gli elettrodomestici con questo sigillo "di approvazione" indicano che si sta utilizzando un elemento ad alta efficienza energetica. Sostituendo lavatrici, lavastoviglie, frigoriferi, forni che hanno più di dieci anni di vita con degli apparecchi con l'etichetta "Energia A+++" risparmierete almeno il 50 per cento di elettricità e di acqua.

Certamente una volta acquistato un elettrodomestico di nuova generazione risparmierete energia e sul costo delle bollette, con conseguente ridimensionamento della vostra impronta ecologica sul pianeta, ma non a prescindere dall'utilizzo che ne fate.

Lavastoviglie

Prima di caricare i piatti sporchi nella lavastoviglie sciacquateli velocemente con l'acqua, per evitare che residui di cibo vadano a intasare il filtro che, oltretutto almeno una volta al mese dovrebbe essere pulito. Riempite il lavello con meno acqua possibile e immergeteli, non lasciate il rubinetto aperto inutilmente. Ricordatevi che lavare i piatti a mano comporta un consumo di acqua cinque volte superiore rispetto a un ciclo di lavastoviglie. Dunque avviate l'elettrodomestico a pieno carico, utilizzando il programma "economy" e soprattutto durante le fasce orarie e nei giorni in cui la richiesta di energia è minore, come nelle ore serale e nei weekend, per i quali di solito i gestori applicano tariffe migliori. E ricordatevi di utilizzare esclusivamente detersivi ecologici. A differenza della luce che accendiamo quando ci occorre, elettrodomestici quali lavastoviglie e lavatrice, possono essere avviati anche nelle ore notturne a meno che, ovviamente, non siano troppo rumorosi.

Frigorifero

Tenete il frigorifero lontano da fonti di calore. Disponete nel modo corretto all'interno gli alimenti, tenendo presente che la parte più fredda dell'apparecchio è quella in basso, appena sopra al cassetto riservato a frutta e verdura, e non mettete mai nel frigorifero cibi caldi. Regolate la temperatura a seconda delle stagioni, ma evitate di abbassarla troppo – la temperatura ideale è intorno ai 1°-1,5° – in quanto così facendo non garantirete ai cibi una migliore conservazione, ma solo maggiori consumi. Non sovraccaricate né il frigorifero né il freezer. Quando inserite o prelevate gli alimenti, non distraetevi e chiudete lo sportello!

Forno

Fate il miglior uso possibile del forno. A meno che non ne abbiate uno un po' datato, non c'è bisogno di preriscaldarlo. Ormai i forni più recenti raggiungono temperature elevate in tempi molto rapidi. Non aprite continuamente gli sportelli per controllare se il cibo è pronto, questa dispersione di calore potrebbe far abbassare la temperatura raggiunta, il che renderà necessario più tempo, e ovviamente energia, per cuocere gli alimenti. Inoltre se avete deciso di accendere il forno, cercate di preparare in questo modo, quando è possibile, un pasto completo, riducendo così i consumi. E se disponete di uno elettrico spengetelo dieci minuti prima del tempo previsto, e ultimate la cottura ad apparecchio spento.

Lavatrice

È arrivato il momento di fare il bucato? Fatelo a temperature basse – trenta gradi, quaranta al massimo per i panni molto sporchi – risparmierete fino al 60 per cento di energia. La maggior parte dei detersivi (ecologici) funziona anche a temperature non troppo elevate, dunque non c'è bisogno di lavare la biancheria a sessanta gradi! Avviate la lavatrice solo a pieno carico, impostate il programma "eco", come per la lavastoviglie, durante le fasce di orario in cui sono previste, dal vostro gestore, tariffe migliori, solitamente nelle ore serali o notturne e durante il weekend.

Microonde, asciugatrici, robot, aspirapolvere
Se possibile cercate di ridurre al minimo il loro utilizzo. Al posto dell'asciugatrice, optate per l'aria fresca – gratis e naturale – al posto del robot per impastare i dolci usate la vostra forza, magari aiutandovi con una frusta, e se proprio non potete fare a meno del forno a microonde, almeno utilizzatelo seguendo tutte le istruzioni previste dal libretto (soprattutto usando i giusti contenitori per riscaldare e per cuocere il cibo).

82. Riscaldamento e raffreddamento

Quasi la metà del consumo energetico della casa, se ne va per tenerci al caldo durante le fredde serate invernali e per darci un po' di fresco durante la stagione estiva. Anche se una vasta gamma di tecnologie sono a oggi disponibili per riscaldare e rinfrescare l'abitazione in modo efficiente, convertendo fonti di energia alternative in calore o freddo, bastano in realtà piccoli accorgimenti per migliorare e ridurre i costi energetici. Inoltre a prescindere da qualsiasi impianto di riscaldamento o di raffreddamento abbiate installato nella vostra casa, buona parte dei consumi energetici derivano proprio dalle perdite d'aria e di calore.

Infatti finestre e porte sono una grande fonte di dispersione di energia, e per ridurre i costi evitando così inutili sprechi è essenziale coibentare e isolare attentamente l'abitazione: sigillate le fessure utilizzando delle strisce autoadesive specifiche, o, soprattutto per le finestre, schiume isolanti come ad esempio quella ecologica di soia, ed eventualmente sostituite le vecchie finestre con quelle a doppio vetro.

Nei casi in cui le perdite sono davvero eccessive, riflettete sulla possibilità di interpellare un tecnico per stilare un progetto di isolamento della vostra casa in base alle esigenze.

Riscaldamento

La superficie della casa, l'isolamento delle pareti, le caratteristiche termiche dei vetri e l'esposizione, sono alcuni dei fattori che incidono sui costi del riscaldamento della vostra abitazione. Ma in ogni caso per evitare consumi eccessivi e colpi improvvisi all'arrivo della bolletta, è opportuno seguire delle regole:

Installate un termostato programmabile e regolatelo impostando una temperatura adeguata all'ambiente. L'ideale sarebbe averne uno per ogni camera, così da scaldarle in modo diverso a seconda dell'uso. Nel caso non fosse possibile, scaldate la casa a una temperatura che permetta di avere un clima confortevole, cioè non superiore ai venti gradi (nelle stanze per dormire la temperatura più salubre è intorno ai diciotto-diciannove gradi). Evitando un clima tropicale, magari indossando un caldo maglione, potreste risparmiare energia e soldi. Infatti ogni grado in più si traduce in aumenti molto consistenti in bolletta.

Programmate il termostato in modo che i radiatori si accendano solo nelle ore in cui è realmente necessario.

Non coprite i radiatori con eventuali strutture, divani o tessuti, come ad esempio le tende, evitando al calore di diffondersi.

Se il radiatore è posto in una parete esterna è utile inserire tra l'elemento e il muro un pannello termoriflettente per convogliare il calore verso l'interno.

Abbassate la temperatura della caldaia per l'acqua calda. Infatti molto spesso questa è impostata su livelli esagerati, e rappresenta un enorme spreco di energia, dato che poi per non ustionarci tendiamo a regolarla una volta sotto la doccia.

Installate valvole termostatiche a ogni radiatore, nel caso l'impianto di riscaldamento sia centralizzato.

Per riscaldarvi naturalmente, anche durante le belle giornate invernali, aprite le tende e godetevi i caldi raggi del sole.

Raffreddamento

Se fino a qualche anno fa era raro possedere un condizionatore in casa, oggi, grazie anche alla competitività dei prezzi, sta diventando un bisogno irrinunciabile, e l'installazione in massa di questi climatizzatori ha portato un aumento esagerato dei consumi energetici, con conseguente innalzamento della quantità di gas serra rilasciati nell'atmosfera. Il condizionatore è una scelta non sostenibile. Se però non potete proprio farne a meno, è possibile ridurre le proprie emissioni, seguendo delle semplici istruzioni, per il corretto funzionamento e per la giusta manutenzione:

Scegliete il condizionatore adatto alle vostre effettive necessità, in base alla grandezza delle stanze e ovviamente a efficienza energetica e dunque almeno di classe A+.

Collocate il condizionatore in una zona in ombra della casa e lontano da eventuali fonti di calore.

Fate regolarmente una corretta manutenzione all'apparecchio evitando accumuli di polvere, pulite e cambiate i filtri, controllate serpentine e canali di scarico.

Non nascondetelo dietro tende o strutture evitando la ventilazione.

Non abbassate troppo le temperature rispetto a quelle esterne (bastano anche solo cinque gradi in meno).

Non accendetelo appena svegli la mattina e spengetelo quando l'aria fuori diventa più accettabile.

Evitate di attivarlo se effettivamente non ne avete bisogno.

Ventilate la casa durante le ore più fresche della giornata, tenete tapparelle o persiane chiuse durante le ore più calde e rinfrescatevi bevendo molta acqua.

83. Elettronica

Stand-by

Staccate la spina! A chi giova lasciare in stand-by la TV, il PC, la stampante o l'impianto HI-FI se non vengono utilizzati? Anche quando sono spenti, la maggior parte dei dispositivi elettronici (tra cui anche gli elettrodomestici, è infatti molto importante leggere attentamente le etichette prima di acquistarli[90]) risucchiano ben l'11 per cento di energia elettrica. Tuttavia scollegare per poi ricollegare tutti gli apparecchi in una casa non è molto pratico. La soluzione più semplice è quella di utilizzare una striscia (o ciabatta) di alimentazione multi presa con interruttore generale, per ogni postazione (ad esempio PC-stampante-scanner-router ecc. o TV-decoder-HI-FI-media player, Play Station, Xbox ecc.) all'interno della casa, di modo che sarà più facile disattivarli quando uscite e soprattutto la sera prima di andare a dormire, così da ridurre la quantità di potenza assorbita da questi accessori, quando non sono in uso. Un'alternativa più sofisticata è la multi presa intelligente, che stacca automaticamente la corrente dopo un breve intervallo in cui l'apparecchio viene lasciato in stand-by.

Computer

Quando va spento il computer per un ulteriore risparmio energetico? Disattivate il monitor se fate una pausa di almeno quindici-venti minuti, mentre spengete sia monitor che CPU se non avete intenzione di utilizzare il PC per più di due ore. A ogni modo, oggi molti computer sono dotati del sistema "*sleep mode*" o "sospensione/ibernazione" che consente di risparmiare circa il 70 per cento di energia elettrica, rispetto a un computer senza questa funzione di gestione dell'alimentazione. Assicuratevi però di aver impostato tale funzionalità nel sistema operativo.

Se siete in procinto di acquistare un nuovo computer, optate per un portatile, più efficiente a livello energetico. Infatti un *laptop* consuma in media 15-25 watts, contro i 150 watts circa di un normale desktop.

84. Illuminazione

Abituatevi a spengere le luci di casa quando non le usate. A che serve lasciare accesa la luce del soggiorno se voi siete in cucina o quella del giardino se voi siete all'interno? Sembra scontato ma in realtà non lo è!

Per chi effettivamente ha intenzione di ridurre gli sprechi ed è in fase di ristrutturazione, un'ottima soluzione è quella di installare dei sensori di movimento, che permettono l'accensione della luce solo nel caso in cui si entra nella stanza o di illuminazione scarsa, garantendo un risparmio fino al 50 per cento.

Accertato questo, sostituite le vecchie lampadine a incandescenza con quelle a risparmio energetico. Per ogni lampadina a basso consumo che ne sostituisce una tradizionale, nell'atmosfera vengono immessi 136 kg di CO_2 in meno ogni anno[91]. Ormai diventate illegali, grazie all'ultimo Regolamento europeo in materia[92], almeno per quelle trasparenti a incandescenza da 100, 75 e 60 W, sarà più facile sbarazzarsene e preferire quelle più efficienti tra cui quelle a fluorescenza compatte (CFL) che consumano tra il 65 e l'80 per cento di energia in meno rispetto alle tradizionali, e quelle a LED (o diodi a emissione luminosa) che consumano fino all'80 per cento in meno di energia, dunque molto più ecologiche anche delle fluorescenti. Ma perché cambiare le lampadine? Scegliere le lampadine a efficienza energetica CFL è la via più breve e facile per salvare energia e contribuire a ridurre le emissioni di CO_2, risparmiando oltretutto denaro. Il costo più elevato all'inizio è in realtà un investimento, in quanto le nuove lampadine consumano molta elettricità in meno rispetto alle tradizionali a incandescenza, e durano dieci volte di più.

Ancora migliore sarà la scelta se rivolta verso i LED, infatti questi (considerate le lampade del futuro) sono molto più efficienti rispetto alle CFL, sono più resistenti agli shock, alle vibrazioni, sono impermeabili e resistenti alle temperature estreme, non accumulano calore e soprattutto a differenza delle CFL non contengono mercurio. Una lampadina a fluorescenza compatta contiene in media 5 mg di mercurio e finché non si rompe questo non è da considerare una minaccia. Ma nel caso di rottura, non fatevi prendere dal panico! Aprite le finestre e lasciate aerare la stanza per qualche minuto, utilizzate un panno umido per rimuovere i pezzi, chiudeteli in un sacchetto e procedete al corretto smaltimento. Essendo le lampadine fluorescenti considerate rifiuti di apparecchiature elettriche ed elettroniche ovvero RAEE, vanno smaltite secondo le apposite normative, quindi presso il centro di smaltimento o di raccolta (in Italia il principale sistema collettivo multi-settore per la gestione ecosostenibile dei RAEE è rappresentato dal Consorzio ReMedia)[93].

Se possibile durante il giorno approfittate e godetevi la luce naturale, mentre per una serata romantica spengete TV, PC, cellulare e cenate a lume di candela, ovviamente ecologica.

85. Acqua: come conservarla in dieci mosse

Non c'è risorsa al mondo più preziosa dell'acqua e allo stesso tempo non c'è altro bene che venga maltrattato, stressato e sprecato quanto l'acqua. Il fatto che nel nostro Paese ce ne sia in abbondanza, e che sia di facile accesso, non ci autorizza a sprecarla. Purtroppo però ogni giorno in Italia si consumano all'incirca duecento litri d'acqua potabile a persona, più di quella che effettivamente ci occorre, e questo sta a dimostrazione del fatto che, come per tanti altri beni a noi preziosi, diamo troppo spesso per scontato che questa ci sia per sempre. Così se per alcuni è necessario un periodo di forte siccità per diventare consapevoli dell'alto valore dell'acqua, per altri invece basta una bolletta particolarmente salata. È dunque importante che ognuno di noi faccia la sua parte utilizzando al meglio questa risorsa vitale, riducendone al minimo il consumo quotidiano. Ecco perché i consigli sul risparmio idrico e su cosa fare per non sprecare acqua non vengono mai ripetuti abbastanza:

Controllate che ogni rubinetto della casa non abbia perdite. Un solo rubinetto gocciolante può provocare uno spreco di ben venti litri di acqua al giorno.

Controllate regolarmente il contatore a rubinetti chiusi, ad esempio la sera prima di andare a dormire e la mattina appena svegli. Se notate una differenza questo significa che c'è una perdita.

Preferite la doccia al bagno, purché sia breve. Chiudete l'acqua mentre vi insaponate o fate lo shampoo. Non tutti sanno che per fare un bagno si consumano all'incirca ottanta litri di acqua, mentre per una doccia in media se ne utilizzano sei al minuto. Ma se trascorrete più di quindici minuti sotto il caldo getto d'acqua ne avrete consumati molti di più. Attenzione quindi a non esagerare, cinque minuti sono sufficienti per insaponarvi e lavarvi. E se l'acqua calda per arrivare ci mette un po', invece di sprecarla, raccoglietela in un secchio e fatene altri usi, come ad esempio per innaffiare le piante o per lavare una T-shirt.

Per un ulteriore risparmio, installate delle docce areate (accorgimento che potreste utilizzare anche per tutti i rubinetti della casa) ovvero con un sistema che permette di mescolare aria con l'acqua aumentandone il getto, dunque rendendolo più potente, ma diminuendo allo stesso tempo il consumo;

Chiudete il rubinetto mentre vi lavate i denti o vi fate la barba. Anche se è una (brutta) abitudine difficile da perdere, lasciare l'acqua scorrere mentre vi state lavando o radendo è in realtà un vero spreco. Infatti in questo modo si possono consumare, senza che ve ne accorgiate, dai cinque agli otto litri di acqua.

Non buttate mozziconi di sigaretta, fazzoletti di carta non

biodegradabili o qualsiasi altro tipo di spazzatura nel WC, per il deflusso vengono sprecati mediamente dai cinque ai sette litri di acqua. Usate dunque solo carta igienica biodegradabile. Inoltre controllate periodicamente che non ci siano perdite nel WC. Una prova molto semplice da fare è quella di versare nella cassetta del water, la sera prima di andare a dormire, una boccetta di colorante alimentare (non tossico e di facile smaltimento). La colorazione delle pareti del water, o dell'acqua sul fondo segnalerà un'eventuale perdita.

Se avete intenzione di ristrutturare il bagno sostituite gli sciacquoni di vecchia generazione con quelli a "basso flusso" o a "flusso differenziato" con doppio pulsante, che utilizzano per ogni scarico all'incirca due litri, invece dei circa undici litri dei tradizionali. Mentre per chi non vuole cambiare il vecchio sciacquone, un metodo per ridurre il flusso di acqua è di immergervi una bottiglia di plastica piena, per limitarne il getto.

Innaffiate le piante nei vasi o nel giardino con parsimonia e sempre verso sera, usando l'acqua dei risciacqui o l'acqua piovana (utilizzando un barile per raccoglierla), e se ne occorre molta, installate degli impianti di irrigazione con il timer facendo attenzione a posizionarli in modo corretto, evitando che il getto vada a finire oltre le piante.

Usate un secchio per lavare l'auto, invece dell'acqua corrente, e per pulire il cortile o il marciapiede di fronte casa, utilizzate la scopa al posto del tubo.

Per finire comportatevi in modo intelligente: avviate la lavastoviglie e la lavatrice solo a pieno carico e utilizzando il programma "eco", mentre se lavate i piatti a mano non fate scorrere acqua inutilmente, chiudete il rubinetto mentre insaponate. Lo stesso quando lavate la frutta e la verdura, riempite il lavello aggiungendo un po' di bicarbonato, immergete e lasciate nell'acqua ciò che vi occorre lavare, e risciacquate velocemente[94].

Ricordatevi che più acqua si conserva, più acqua pulita sarà a diposizione di tutti. Inoltre solo attraverso un corretto uso e risparmio di questa risorsa fondamentale, potremmo ridimensionare la nostra impronta idrica[95] sulla Terra, riducendo il nostro contributo all'inquinamento dei laghi e dei fiumi circostanti nonché il riscaldamento globale.

86. Un passo avanti

Una volta resa la casa più efficiente, per spostare realmente l'ago sulla bolletta e ottenere risparmi maggiori, potreste considerare l'idea di utilizzare fonti alternative e rinnovabili per compensare la maggior parte dell'energia della vostra casa. Geotermica, solare fotovoltaico, solare termico, eolica, possono contribuire a soddisfare il vostro ulteriore fabbisogno energetico. Dunque, occhio agli incentivi!

Come riciclare correttamente i rifiuti domestici

Nel 2008, ben 524 chili di rifiuti urbani in media per persona, sono stati generati negli Stati membri dell'Unione Europea[96]. Partendo dal presupposto che "il miglior rifiuto è quello che non è prodotto", e che l'unica soluzione a uno dei problemi più urgenti da affrontare per il futuro del pianeta, è la riduzione dei rifiuti[97] (soprattutto nella fase di produzione), il riuso, il riciclo e la raccolta differenziata rappresentano una risposta alla necessità di smaltire correttamente i rifiuti, valorizzando ciò che scartiamo, e riutilizzando tutti i materiali che possono essere riciclati. Solo in questo modo si può risparmiare sull'uso delle materie prime, ridurre le discariche e quindi lo sfruttamento e l'inquinamento del suolo.

Per ottenere dei risultati dal riciclo degli imballaggi quali alluminio, carta, legno, plastica e vetro, dunque, non buttate ma differenziate!

87. Carta

Per produrre una tonnellata di carta vergine occorrono quindici alberi, 440.000 litri d'acqua e 7600 kWh di energia elettrica. Per produrre invece una tonnellata di carta riciclata vengono utilizzati 1800 litri d'acqua e 2700 kWh di energia elettrica. La carta è uno dei materiali più versatili usati nelle nostre case, negli uffici e nelle aziende di tutto il mondo, una gran parte dei rifiuti domestici è costituito proprio da carta, ed è uno dei materiali più recuperabili e recuperati. Oltretutto qualsiasi tipo di carta, inclusa quella ad alta qualità, può essere realizzata con carta riciclata. E quando la carta di fibra riciclata non ha più la consistenza indispensabile per produrre altra carta, può essere utilizzata come combustibile per produrre energia. Proprio per questo il riciclaggio porta a numerosi benefici: permette la conservazione degli alberi, contribuisce alla riduzione di agenti inquinanti nelle acque e di gas serra nell'aria, consente di risparmiare energia, fornisce materie prime, riduce discariche e inceneritori.

Cosa inserire nel bidone:

giornali (quotidiani);
carta da disegno o per fotocopie;
tetrapak;
aacchetti di carta;
cartoncini;
cartone;
scatole per scarpe;
scatole per detersivi;
fascette di carta dei vasetti di yogurt o bevande;
giornali, riviste, libri, quaderni e opuscoli.

Eliminate eventuali pellicole trasparenti o strisce di gomma, eliminate residui di cibo e ripiegati i cartoni.

Cosa non inserire:

carta carbone;
carta plastificata;
cartone laminato;
fazzoletti o tovaglioli di carta sporchi o macchiati di cibo;
scontrini fiscali;
biglietti dell'autobus;
carta bagnata;
cartone per la pizza sporco di macchie e grasso;
cartoncini colorati con tinte molto forti.

88. Plastica

Il riciclaggio della plastica comprende una vasta gamma di prodotti, dai contenitori per bevande alle borse della spesa. Ed essendo l'uso della plastica molto diffuso nelle nostre vite, il riciclaggio diventa fondamentale. Per conoscere il modo migliore per riciclare la plastica, è necessario però imparare con quali materie plastiche sono effettivamente realizzati i vari prodotti che utilizziamo. La maggior parte delle plastiche è contrassegnata con un numero all'interno del simbolo di riciclaggio. Ogni numero rappresenta un tipo di resina, e poiché ogni resina è diversa questi numeri influenzano i modi di riciclo dei prodotti in plastica. Anche se i materiali dove compare tale simbolo sono tutti in teoria riciclabili, per alcuni di essi i processi di recupero e di trasformazione risultano difficoltosi, quindi economicamente svantaggiosi. Ecco perché le posate monouso, realizzate normalmente in polistirene (#6 PS), dunque più resistenti e di difficile lavorazione, non si prestano al riciclo, oltre che per la possibilità di contenere residui organici di cibo. Mentre ad esempio le bottiglie dell'acqua minerale in (#1 PET), sono termoplastiche e dunque materiale molto prezioso (bottiglie e flaconi di PET e PE possono ridiventare fibre tessili e nuovi flaconi, risparmiando così materie prime ed energia) per il riciclaggio in quanto di facile lavorazione.

Cosa inserire nel bidone:

piatti e bicchieri di plastica monouso;
bottiglie di plastica per acqua e bibite;
flaconi per detersivi e detergenti;
flaconi di shampoo;
sacchetti per la spesa (anche se è meglio riutilizzarli);
pellicole;
vaschette.

Ovviamente prima di inserire nel bidone della plastica i vari prodotti, eliminate le etichette di carta che complicano il processo di riciclo e schiacciate bottiglie e flaconi, accartocciandoli e richiudendoli con il tappo.

Cosa non inserire:
posate di plastica monouso;
penne e pennarelli;
giocattoli;
rasoi monouso;
contenitore del dentifricio.

89. Vetro

Il vetro è uno dei pochi materiali riciclabili al 100 per cento e che può essere riciclato all'infinito senza perdere la forza, la purezza e la qualità. Anche se è sempre meglio preferire il vuoto a rendere o il riuso stesso del vetro in casa (ma questo vale anche per gli altri materiali quali plastica, carta e alluminio), evitando così la produzione di rifiuti, risparmiando materia prima ed energia, il riciclaggio del vetro abbassa comunque i costi di produzione, aumentando i vantaggi per l'ambiente.

Cosa inserire nel bidone:
barattoli;
bottiglie;
bicchieri.

Cosa non inserire:
specchi;
ceramiche;
lampadine (vanno smaltite presso gli appositi centri);
i vetri delle finestre (vanno smaltiti presso centri di raccolta o isole ecologiche).

90. Alluminio

Anche se è preferibile optare per altri tipi di imballaggi al momento dell'acquisto, come ad esempio il vetro, soprattutto dati gli elevati costi energetici, il riciclaggio dell'alluminio permette di risparmiare all'incirca il 95 per cento dell'energia per produrlo dal minerale[98]. Come per altri materiali, l'alluminio è qualcosa che in realtà non dovrebbe finire in discarica, ma essere riutilizzato in casa. Premesso questo, anche l'alluminio, come il vetro, attraverso il riciclo mantiene tutte le caratteristiche di quello primario, e le possibilità di utilizzo sono molteplici.

Cosa inserire nel bidone:
lattine;
barattoli;
vaschette in alluminio;
fogli di alluminio.

Cosa non inserire:
bombolette spray (considerate rifiuti pericolosi);
bombolette per l'aerosol;
appendiabiti.

Anche per l'alluminio è opportuno eliminare residui di cibo o liquidi, nonché le etichette di carta.

Enti di smaltimento
A livello nazionale, esistono specifici consorzi, che si occupano del recupero di differenti frazioni merceologiche:

CONAI (Consorzio nazionale imballaggi), è il consorzio privato senza fini di lucro costituito dai produttori e utilizzatori di imballaggi con la finalità di garantire il riciclo e il recupero dei materiali di imballaggio (www.conai.org).

CO.RE.VE. (Consorzio recupero vetro), con l'obiettivo di gestire il ritiro dei rifiuti in vetro da raccolta differenziata, garantirne l'avvio al riciclo, predisporre le linee guida per le attività di prevenzione (www.coreve.it).

CIAL (Consorzio imballaggi alluminio), garantisce il recupero degli imballaggi in Alluminio post-consumo provenienti dalla raccolta differenziata, (www.cial.it).

COREPLA (Consorzio nazionale per la raccolta, il riciclaggio e il recupero dei rifiuti di imballaggi in plastica) si occupa dell'estensione dell'attività di raccolta, recupero e riciclo ad altri imballaggi in plastica, (www.corepla.it).

Comieco (Consorzio nazionale recupero e riciclo degli imballaggi a base di cellulosa) garantisce che materiali quali carta, cartone e cartoncino una volta utilizzati e avviati a raccolta differenziata vengano riciclati e tornino a vivere diventando nuove scatole e scatoloni e altri prodotti cellulosici, (www.comieco.org).

ReMedia è il Consorzio nazionale per la gestione dei rifiuti di apparecchiature elettriche ed elettroniche (RAEE) e di Pile e accumulatori (PA), (www.consorzioremedia.it).

RiLegno (Consorzio nazionale per la raccolta, il recupero e il riciclaggio degli imballaggi di legno) ha il compito di raccogliere e recuperare i rifiuti di imballaggi di legno, per dare loro nuova vita (www.rilegno.it).

91. Rifiuti organici, come smaltirli? Compostateli!

Circa il 25 per cento del cibo che compriamo viene gettato via, trasformandosi in rifiuto alimentare e rappresentando di conseguenza buona parte dei rifiuti che produciamo. Fermo restando che per salvaguardare le risorse naturali, l'acqua, il suolo, la biodiversità e gli ecosistemi, seriamente minacciati dal crescente degrado, una delle più urgenti necessità è quella della riduzione dei rifiuti e dunque, in questo caso, degli sprechi alimentari, uno dei metodi più efficaci per smaltire e riciclare gli scarti organici è proprio il compostaggio, oltretutto anche il metodo più antico di riuso dei rifiuti alimentari. Compostare gli avanzi di cibo significa ridurre quasi totalmente gli scarti organici che altrimenti andrebbero ad accumularsi nelle discariche, dove oltre a produrre cattivi odori, danno origine a biogas, altamente inquinanti per le falde acquifere e per l'aria. Per giunta, a oggi, per compostare non c'è bisogno di avere necessariamente un giardino. Infatti basta acquistare una comoda compostiera domestica che può essere collocata anche all'interno della cucina[99], oppure per chi volesse cimentarsi nel fai-da-te, ci sono diverse soluzioni per costruire una propria compostiera[100] da installare sul terrazzo per autoprodurre dell'ottimo terriccio, fertilizzante naturale, per il vostro piccolo orto sul balcone.

E una volta acquistata o costruita la compostiera mettetela in una zona al riparo dal sole, inserite correttamente all'interno i rifiuti giusti, in modo da produrre un fertilizzante sano e nutriente per il giardino e per le piante, fate respirare il compost, rivoltatelo e rimescolatelo spesso per una buona ossigenazione (in assenza di ossigeno il rifiuto potrebbe putrefarsi). Mantenete il cumulo di compost umido, nel caso fosse troppo secco inumiditelo leggermente, spruzzando un po' di acqua sul mucchio. E infine armatevi di pazienza, il compost sarà pronto quando il terreno avrà raggiunto una tonalità molto scura e, se facendo la prova del pugno, il materiale rimane ben pressato.

Per ottenere un ottimo terriccio, grazie a una corretta proporzione tra azoto, carbonio, ossigeno e umidità, è importante inserire all'interno il giusto equilibrio tra gli scarti umidi (quelli della cucina) e quelli secchi (ad esempio foglie secche)

Cosa inserire nel compost:

mele, pere, meloni, prugne, uva, banane, avocado, mango, ananas, fragole, rabarbaro, anguria, pistacchi;

ortaggi;

fiori e foglie secche;

fondi di caffè o tè;
gusci di uova;
piume, capelli;
potature.

Cosa non inserire:
arance, limoni, limes, pompelmi, mandarini, clementini (gli agrumi possono rendere il vostro mucchio del compost eccessivamente acido), noci (contengono lo juglone, una sostanza naturale aromatica e tossica per alcune piante);
riso, contiene amido e potrebbe far ammuffire il compost;
segatura;
piante malate e piante che possono diffondersi (edera);
prodotti personali usati: tamponi, pannolini e oggetti sporchi di sangue;
prodotti di panetteria (tra cui dolci e biscotti), potrebbero attirare i ratti o altri parassiti;
pasta: attira i roditori;
olio da cucina: anche l'olio potrebbe attirare i roditori;
feci umane o animali;
prodotti di origine animale: carne, pesce, ossa;
prodotti lattiero-caseari: possono attirare gli animali.

Ovviamente tutto ciò che viene inserito va tritato o tagliato in piccoli pezzi.

92. RAEE, come smaltire correttamente il vostro computer

Smartphone, computer, giochi elettronici, MP3: più diventano piccoli e più spazio prendono nella nostra vita. Li usiamo come strumenti per comunicare, per lavorare o semplicemente per esprimerci, ma hanno un enorme inconveniente: diventano obsoleti a un ritmo incredibilmente rapido – tanto che il portatile acquistato sei mesi fa è già molto probabilmente un "dinosauro" – e ci ritroviamo così sempre più sommersi da questi vecchi apparecchi elettronici senza rendercene nemmeno conto. I rifiuti di apparecchiature elettriche ed elettroniche, ovvero RAEE (in inglese *e-waste*), non devono essere però considerati come la spazzatura tradizionale. Infatti contengono metalli pesanti e prodotti chimici tossici, come piombo, mercurio, e altre sostanze nocive e molto inquinanti, per di più non biodegradabili, e il loro crescente aumento fa sorgere il problema, molto grave, dell'abbandono nelle discariche, dove queste sostanze vanno a infiltrarsi nel suolo e nelle falde acquifere, contaminando il terreno, le acque sotterranee e di conseguenza danneggiando l'ambiente e la nostra salute.

Proprio per questo motivo i rifiuti RAEE devono essere smaltiti correttamente, sia per evitare ulteriori danni all'ecosistema, sia per recuperare i materiali con i quali sono realizzati che potranno essere usati per costruire nuove apparecchiature, evitando così lo spreco di altre risorse.

Ma allora dove buttare il vecchio cellulare, il computer o lo scanner? Semplice presso i centri adeguati dove è prevista la raccolta differenziata, ovvero nelle isole ecologiche appositamente allestite nelle proprie città; oppure è possibile riconsegnare gratuitamente il rifiuto direttamente al rivenditore, nel momento in cui si acquista una nuova apparecchiatura della stessa tipologia, il così detto "uno contro uno"[101].

Se volete sbarazzarvi del vostro vecchio frigorifero o di quel reperto storico che è ormai diventato il vostro PC, basta contattare il Contact Center del Centro Coordinamento dei RAEE o visitarne il sito www.cdcraee.it per sapere dove si trova il centro di raccolta più vicino.

Riduci, riusa, ricicla

"Le tre *R*" – riduci, riusa, ricicla – sono i tre principi fondamentali dell'ambientalismo. La convinzione è che se tutti noi riducessimo quanto usiamo e consumiamo, riutilizzassimo, le cose che già abbiamo, e riciclassimo i materiali che possono essere riciclati (invece di cestinarli), il nostro impatto sull'ambiente sarebbe molto ma molto più leggero. Meno materiale "vergine" viene usato per creare prodotti, meno prodotti saranno fabbricati, più la Terra rimarrà pulita e verde.

93. Riduci

Perché acquistare l'acqua in bottiglia al bar o ai distributori automatici in ufficio se potete riempire una borraccia riutilizzabile con acqua del rubinetto? Magari prima di uscire di casa la mattina? E questo è solo l'inizio. Usate la vostra immaginazione: in quali altri ambiti potreste ridurre i vostri consumi? Un indizio? Eccone quindici.

Optate per borse riutilizzabili per fare la spesa, meglio se di tessuto o fai-da-te. In questo modo ridurrete il numero di sacchetti di plastica in circolazione nel nostro pianeta.

Rispondete «no grazie» al negoziante quando vi pone la famosa domanda «vuole la busta?».

Acquistate alla spina (dai detersivi alla pasta), o almeno preferite i prodotti con poco imballaggio e comunque riciclabile e meglio se riciclato.

Preferite i prodotti concentrati e quelli formato famiglia, riducendo in questo modo notevolmente il volume dell'imballaggio nel primo caso e nel secondo riducendone la quantità.

Optate per i prodotti in eco-ricariche come quelli per la casa, per i cosmetici ma anche per i generi alimentari.

Evitate gli sprechi alimentari, pianificate gli acquisti programmando in anticipo il menù settimanale.

Bevete acqua del rubinetto.

Al lavoro, portatevi da casa la tazza per il tè o la tazzina per il caffè, riducendo in questo modo il contenuto di plastica nel cestino.

Compostate i rifiuti organici.

Riflettete sulla reale necessità di acquistare un nuovo paio di scarpe, un nuovo cellulare o un mobile per il soggiorno.

Quando dovete fare un regalo optate per prodotti utili, che non consistono in beni materiali, come ad esempio una lezione per un corso di cucina, oppure regalate prodotti alimentari, come una bottiglia di olio o di vino biologico, un barattolo di marmellata o una torta fatta in casa.

Preferite le batterie ricaricabili a quelle usa e getta, il costo iniziale più elevato sarà ammortizzato con tutte le ricariche che effettuerete, e in questo modo avrete la possibilità di ridurre la quantità di pile esauste in circolazione.

Limitate l'acquisto dei prodotti usa e getta o monouso quando è possibile (bicchieri, posate, pannolini, assorbenti[102], lamette ecc.).

Limitate l'uso della stampante.

Preferite sempre la riparazione a un nuovo acquisto.

94. Riusa, ricicla

Ci sono tantissimi oggetti in casa che prima di essere cestinati possono essere riutilizzati per altri scopi, dai tappi di sughero ai quotidiani, dandogli nuovo valore e utilità. Basta armarsi di un pizzico di volontà e qualche idea per diminuire la quantità dei vostri rifiuti in modo costruttivo e intelligente.

Bottiglie e barattoli di vetro: prima di inserirli nel bidone della differenziata riusateli in casa come vasi, contenitori per legumi, cereali, riso e pasta.

Buste di plastica: oltre che per fare la spesa e come sacchetti per l'umido, potreste riutilizzarle, invece di acquistarne altre, per raccogliere i bisogni del vostro cane, per imballare oggetti che dovete spedire, per imbottire vecchi cuscini, come ad esempio quello su cui si riposano i vostri animali domestici, per proteggere le mani quando fate le pulizie in casa, per coprire gli avanzi, per congelare gli alimenti, per coprire le vostre piante proteggendole dal gelo.

Bottiglie di plastica: potete riutilizzarle tagliandole a metà come mini serre, come portaoggetti (ad esempio viti, vitarelle e chiodi), imbuti o portacandele.

Carta da giornale: dopo aver letto il vostro quotidiano, non buttatelo, riusatelo ad esempio per pulire i vetri, per imballare oggetti, per assorbire l'umido nelle scarpe bagnate, per fare dei lavoretti di carta pesta divertendovi con i vostri bambini, come protezione di piani di appoggio quando dipingete o fate piccoli lavoretti in casa o per incartare i regali.

Lattine in alluminio: coprendole con del filo arrotolato o con della carta colorata, potrebbero diventare dei comodissimi portapenne o dei simpatici vasi, salvadanai, porta candele, porta oggetti di piccoli dimensioni, lampade da appendere al soffitto.

Tappi di sughero: perché buttare questo materiale così prezioso? Potreste metterli nei cassetti per profumare la biancheria, basta versare sopra qualche goccia di olio essenziale, o come punta spilli, oppure per creare un sotto pentola o una meravigliosa tenda per la cucina.

Avanzi di cibo: potreste preparare delle calde zuppe, stufati, torte salate o saporitissimi sughi. I gambi di sedano, gli avanzi di cipolla, le foglie di broccolo perché buttarle? Congelateli e dopo averne accumulati abbastanza fateci un buon brodo vegetale. Il pane raffermo potrebbe essere trasformato in croccanti crostini per zuppe o purea, e tutto ciò che sta per scadere, prima che vada a male, congelatelo.

Fondi di caffè: potreste metterli nel compost e quindi utilizzarli come fertilizzante, oppure usarli in cucina per pulire pentole leggermente incrostate, per togliere cattivi odori dalle mani dopo aver pulito il pesce o ancora come scrub naturale per il corpo[103].

Bustine del tè: come impacchi sulla pelle per alleviare il rossore causato da scottature, per eliminare gli odori nella lettiera del gatto, o per tingere naturalmente i vestiti.

95. Riciclo creativo

Riciclare creativamente un oggetto, non solo è divertente e stimola la fantasia, ma è un modo innovativo che permette di trasformare qualsiasi cosa abbiamo in casa, dai giornali ai sacchetti delle patatine, – e che andrebbe altrimenti a finire in discarica – in un oggetto utile ridandogli una nuova vita, magari completamente diversa rispetto alla precedente.

TerraCycle®[104] ad esempio, propone borse, borsoni, portafogli e altri oggetti, come raccoglitori ma anche giocattoli, realizzati interamente con materiali di scarto che non possono essere riciclati, come i sacchetti degli snack o delle patatine, con l'obiettivo primario che è quello della totale eliminazione dei rifiuti.

Per evitare a giornali e riviste di accumulare polvere diventando così degli scomodi oggetti buttati nell'angolo, una simpatica idea, illustrata sul sito www.econosting.com, è quella di realizzare un comodo sgabello, utilizzando semplicemente quel mucchio di vecchie riviste accatastate. Basta procurarsi due grosse cinte o cinghie, una base di legno, un vecchio cuscino della larghezza delle riviste, e legare tutto insieme. L'importante è unire bene tutti gli elementi evitando che sgattaiolino fuori.

Mentre, se siete degli appassionati di giardinaggio, ma non

avete uno spazio all'esterno per far crescere il vostro orticello, provate a piantare basilico, origano o salvia, nell'intimità della vostra cucina, riciclando delle bottiglie di vino o birra che avete conservato. Le piantine che crescono all'interno del recipiente di vetro attraverso un particolare metodo di coltivazione si chiamano *Herb Grow Bottle*. Provate a seguire attentamente le istruzioni per realizzarle sul sito www.ecosnobberysucks.com.

Ancora per chi volesse spargere semi di fiori e piante ovunque, rendendo più verde il suo quartiere, un altro modo per riciclare quotidiani è quello di utilizzarli trasformandoli in carta pesta per realizzare delle bombe-seme da regalare o ancor meglio tirare alla prossima Guerriglia Gardening[105]! Per il tutorial consultate il sito mademoisellechaos.blogspot.com. Mentre per intrattenere i vostri figli durante un piovoso pomeriggio invernale, prendete una lattina di birra o altra bevanda, accartocciatela, dipingetela, e, con un po' di feltro, nastri e perline (per gli occhi), potrete trasformarla in un simpatico animaletto, un orsetto, una mucca o un dolce maialino. Basta seguire le istruzioni su www.refashinoso.com. E per chi volesse saperne di più su riciclo e riuso di oggetti, potete dare un'occhiata alle sezione Riciclo Creativo di greenMe.it (www.greenme.it), o carpire qualche idea da IoRicreo (www.ioricreo.org) e dal Museo del riciclo, (www.museodelriciclo.it)[106].

Lo sapevate che

Occorrono 27 bottiglie di plastica per confezionare una felpa in pile.

Con 800 lattine utilizzate si può costruire una bicicletta.

L'80 per cento dei rifiuti in carta e cartone è recuperato.

37.000 tonnellate di RAEE raccolte in Italia nel 2010.

10,4 kg, la quantità media pro capite di plastica raccolta e destinata al riciclo in Italia nel 2010.

46.500, le tonnellate di imballaggi in alluminio riciclate nel 2010.

Informazione *green*

Per riuscire a ridurre il proprio impatto sul pianeta una delle cose dalle quali non si può prescindere è quella di rimanere informati. Ma dove trovare news, consigli e approfondimenti per alimentare la propria "anima *green*"?

Ormai la sensibilità all'ambiente è un argomento che ha, per fortuna, conquistato un po' tutti i media. Al contrario di qualche anno fa, oggi espressioni come *eco-sostenibilità* e *impatto ambientale* sono diventate fondamentali nell'agenda di televisioni, radio, giornali e siti web. Vediamo nel dettaglio le fonti più autorevoli.

96. Web: greenMe.it

Il web è diventato lo strumento più facile e veloce per reperire informazioni in tempo reale e molto spesso provenienti da fonti autorevoli e indipendenti. Oggi sono tanti gli esempi di siti internet o blog che hanno come minimo comun denominatore le tematiche ambientali. Fra tutti spicca greenMe.it (www.greenme.it), il magazine on line più letto in Italia, che può contare su oltre 350.000 utenti mensili e una comunità radicata sui social network, Facebook in primis, dove il sito conta oltre 75.000 likers. Il merito principale di questa testata, nata nel marzo del 2009, è stato sicuramente quello di aver iniziato a parlare di ambiente in Italia in maniera differente sia nel linguaggio che nei contenuti, riuscendo, con consigli pratici e un registro spiritoso, ad avvicinare a queste tematiche non solo gli ambientalisti convinti, ma anche le persone che vogliono semplicemente provare a essere buone con la Terra.

«Anche perché per cambiare il mondo dobbiamo, prima di tutto, cercare di cambiare noi stessi. Se non fosse altro perché è l'unica cosa su cui possiamo veramente intervenire. Partire dal piccolo per arrivare al grande. Partire dal me per arrivare al noi. Da qui un vero e proprio percorso pratico sulla via della sostenibilità che si snoda anche attraverso il forum di greenMe, dove è possibile interagire attivamente con tutta la community» (Simona Falasca, direttore responsabile greenMe.it).

97. Social media: Zoes

Gli eco-appassionati del web 2.0 sicuramente non possono prescindere da visitare zoes.it (www.zoes.it), il social network della sostenibilità che permettere di trovare, conoscere ed entrare in rete con organizzazioni e cittadini responsabili. Abitare e costruire, cibo e agricoltura e poi ancora energia ed efficienza, in tutto dieci sono i canali tematici proposti da Zoes in cui è possibile scoprire e inserire news, eventi, consigli, condividere esperienze e buone pratiche di vita, promuovere stili di relazione e consumo rispettosi dell'uomo e dell'ambiente o creare una propria vetrina virtuale. Non solo utenti privati, ma anche associazioni, enti, imprese, gruppi di acquisto solidale possono usufruire di Zoes per farsi conoscere esponendo i propri prodotti e servizi, entrando in contatto direttamente con i consumatori o con altri produttori "eticamente orientati".

Con un solo click "Entra nella Community di Zoes"!

98. Radio

Per rimanere sempre informati a lavoro, in ufficio o da casa, al parco o dovunque avete l'opportunità di ascoltarle, ecco le frequenze più *green* e amiche dell'ambiente.

Lifegate

"Suona per natura" (www.lifegate.it), la prima radio in Italia a promuovere uno stile di vita rispettoso dell'uomo e del pianeta, attenta alle nuove culture e ai suoni più d'avanguardia. Musica, news, programmi musicali e culturali, "parole che diventano voci e pubblicità che diventano messaggi". Non solo radio, Lifegate è molto di più: magazine disponibile solo in versione sfogliabile su iPad, scelta consapevole per un risparmio di risorse e di energia; news; YouImpact, la nuova piattaforma di sharing ecologico, con l'obiettivo di creare una community per diffondere una cultura sostenibile attraverso opinioni, materiale fotografico, audio e video; progetti quali Impatto Zero® Zero Impact Web, con l'obiettivo di ridurre e compensare le emissioni di anidride carbonica derivanti dall'utilizzo di internet; LifeGate Energy il primo operatore energetico riconosciuto che produce e commercializza esclusivamente energia da fonti rinnovabili permettendo di annullare l'emissione di CO_2; LifeGate Engineering, che offre la realizzazione di impianti a energia rinnovabile; Ecopartners, che offre consulenze per progetti e percorsi di sostenibilità.

Ecoradio, "la voce del pianeta"

Ecoradio (www.ecoradio.it), l'informazione completa on air su ambiente e nuovi stili di vita sostenibili. Dal 2004, anno della sua nascita, Ecoradio, con il fine di realizzare un network dedicato al rispetto del pianeta, alla pace, alla qualità del vivere e ai diritti umani, trasmette ogni giorno programmi radiofonici d'impegno, cultura, informazione, intrattenimento e musica, stimolando l'analisi e la consapevolezza delle sempre più diffuse minacce che gravano sul pianeta ma anche delle opportunità che l'uomo ha, adottando uno stile di vita ecosostenibile ed etico, di affrontare e combattere tali pericoli, per salvaguardare e "rendere allo straordinario pianeta che abitiamo la gratitudine e un concreto impegno per il suo presente, il nostro futuro".

99. Giornali e riviste

Per chi non vuole proprio rinunciare, al piacere di "sfogliare", *green*.

«Terra» (www.terranews.it), primo quotidiano ecologista in Italia. Lanciato nell'Aprile del 2009, «Terra» esce in edicola ogni giorno della settimana, lunedì escluso, con sedici pagine dove il colore predominante è il verde. Viene distribuito nelle edicole di circa ottanta città della Penisola.

«SetteGreen», allegato "verde" al «Corriere della Sera». Il magazine cartaceo dedicato ai consumi sostenibili è in edicola tutti i mesi con approfondimenti e consigli da mettere in pratica nella vita di ogni giorno, per chi è convinto che "i grandi mutamenti iniziano dai piccoli gesti".

«La Nuova Ecologia» (www.lanuovaecologia.it), mensile di Legambiente, è la voce storica dell'ambientalismo italiano. Ricca di notizie, informazioni, inchieste e approfondimenti su cambiamenti climatici, OGM, inquinamento, agricoltura, parchi, salute, la rivista è inviata agli abbonati e ai soci di Legambiente, oltre a essere venduta anche nelle principali librerie.

100. TV

Oltre a programmi di denuncia quali *Report* o quelli come *Geo & Geo*, in cui il tema centrale è la natura, l'ecologia, la salute e il benessere, spicca EcoTv, (www.ecotv.it), canale satellitare della piattaforma Sky, nel cui palinsesto figura l'impegno a favore di una cultura libera, che dia spazio a temi come ecologia, diritti civili, pace, solidarietà e giustizia sociale. Ma anche a forme di arte indipendenti, spettacoli all'avanguardia, con una particolare attenzione per tutte quelle tematiche a cui le altre aziende generalmente non lasciano spazio.

Altro esempio di TV interessante è EcoZoomTv (www.ecozoom.tv) sul web, una TV *community open source*, dedicata a tutti coloro che vogliono inserire video per raccontare, promuovere, e diffondere la cultura del rispetto per l'ambiente.

101. Educate voi stessi e gli altri!

E per finire, quale miglior fonte di informazione, se non voi stessi? Informatevi, leggete e diffondete tutte le notizie e le pratiche del buon "vivere *green*" ai vostri amici, vicini e conoscenti. Educate i vostri figli ad avere rispetto verso il pianeta. Sostenete gruppi locali che si occupano di ecologia e diventatene parte attiva. Organizzate serate educative e divertenti con workshop, film, gruppi di discussione. Convincete la gente del quartiere a pensare *green*, formateli dando loro consigli su come comportarsi nelle varie situazioni. Condividete esperienze, idee, informazioni sul vostro blog o sulle vostre pagine Facebook, Twitter, Myspace o di altri social network. Scoprirete che è bello e gratificante dare pratici consigli e suggerimenti per uno stile vita ecoconsapevole, raggiungendo persone che altrimenti non avrebbero mai pensato di poter ridurre la propria impronta ecologica.

Ricordatevi però che c'è una linea sottile tra parlare e predicare, così rendetevi conto da soli quando è ora di fermarvi e cambiare discorso, magari tornando a parlare di calcio o dell'ultima moda a proposito di taglio di capelli o di manicure.

E che la vostra crociata sostenibile faccia molteplici vittime "verdi".

Per concludere...

…vi invito ad ascoltare *Big Yellow Taxi* di Joni Mitchell. A me è molto cara, ve ne cito alcuni versi tradotti:

Hanno asfaltato il Paradiso
E ci hanno fatto sopra un parcheggio
Con un albergo rosa, una boutique
E un posticino alla moda
È proprio vero, va sempre così
Non sai quel che hai
Fin quando non c'è più
Hanno asfaltato il Paradiso
E ci hanno fatto un parcheggio…

Hanno preso tutti gli alberi
E li hanno messi al museo delle piante
Fanno pagare la gente
Un dollaro e mezzo solo per vederli
È proprio vero, va sempre così
Non sai quel che hai
Fin quando non c'è più
Hanno asfaltato il paradiso
E ci hanno fatto un parcheggio

Ringraziamenti

Vorrei ringraziare alcune figure chiave del mio lavoro di redattrice "green": ringrazio Simona Falasca, direttore responsabile di greenMe.it, e Mario Notaro, responsabile marketing & vendite di greenMe.it, con i quali collaboro da quasi tre anni, che mi hanno dato l'opportunità di scrivere per il loro magazine, che mi ha aiutata a crescere nell'ambito giornalistico.

Ringrazio la mia famiglia, il mio compagno e le mie adorabili amiche a quattro zampe, che mi hanno supportata, o forse meglio sopportata, incoraggiandomi in ogni circostanza.

E infine ringrazio i miei amici, che non mi hanno mai lasciata sola, anche nei periodi più intensi di "chiusura" creativa.

Note

[1] Premio Nobel per la Pace fondatrice del Green Belt Movement, che ha dimostrato che la tutela dell'ambiente è legata al benessere delle persone.

[2] I prodotti alla spina, dai detersivi alla pasta, sono sempre più diffusi nei supermercati e hanno come obiettivo la riduzione degli imballaggi.

[3] *I detersivi non sono tutti uguali*, articolo consultabile sul blog di EcoZoomTv, www.ecozoom.tv.

[4] Ecolabel è il marchio europeo di qualità ecologica che premia i prodotti e i servizi migliori dal punto di vista ambientale, in modo che questi possano distinguersi sul mercato e offrire così ai consumatori la possibilità di fare scelte ecosostenibili (www.ecolabel.it).

[5] ICEA, Istituto per la certificazione etica e ambientale, è il più importante organismo del settore in Italia e in Europa e rilascia la certificazione "Eco Bio Detergenza" (www.icea.info).

[6] EnergyStar® è un programma governativo americano volontario, ideato per identificare e promuovere prodotti a basso consumo energetico, allo scopo di ridurre le emissioni dei gas serra (www.energystar.gov).

[7] La proposta prevede il divieto all'uso di fosfati e limita l'impiego di altri composti del fosforo, tollerati in quantità inferiori a 0,5 grammi per carico di lavaggio medio, nei detersivi per il bucato domestico. Il limite potrebbe essere esteso ai detersivi per lavastoviglie a partire dal 2015.

[8] Per provare altre formule consultate il sito www.tipnut.com.

[9] In italiano "mercato del contadino". Per maggiori informazioni potete consultare il sito www.mercatidelcontadino.it.

[10] *Relazione sintetica comunitaria sulle epidemie di origine alimentare nell'Unione europea nel 2007*, documento dell'EFSA consultabile su www.efsa.europa.eu/it.

[11] «Gli OGM sono organismi, diversi da un essere umano, il cui patrimonio genetico è stato modificato in modo diverso da quanto si verifica in natura mediante l'accoppiamento e/o la ricombinazione genetica naturale», direttiva 2001/18/CE.

[12] «I prodotti alimentari per essere etichettati e venduti come biologici devono contenere almeno il 95 per cento di ingredienti certificati», Reg. (CE) n. 834/2007.

[13] Vedi il sito www.demeter.it. Per maggiori informazioni www.agricolturabiodinamica.it.

[14] *Livestock's long shadow*, Rapporto FAO 2006, consultabile su www.fao.org.

[15] *Cibo, alimentazione, attività fisica, e la prevenzione del cancro: una prospettiva globale*, Rapporto WCRF/AICR, consultabile sul sito www.wcrf.org.

[16] Progetto integrato Helthgrain commissionato dall'Unione europea e finalizzato a migliorare le condizioni di benessere e ridurre il rischio di alcune patologie attraverso l'incremento della quantità di grano integrale nella dieta alimentare (www.healthgrain.eu).

[17] *Napping for Nature*, in «The Observer Magazine», 2006, consultabile su www.observer.guardian.co.uk.

[18] Secondo la Lance Armstrong Foundation (Fondazione per la lotta contro il cancro) l'attività di giardinaggio in generale, se fatta in modo costante, brucia all'incirca 263 calorie all'ora.

[19] *Fitness: generare energia pedalando in palestra*, articolo consultabile su www.greenme.it.

[20] *Human-Powered Gyms: For Your Health and the Earth's,* articolo consultabile www.ecohearth.com.

[21] Secondo un sondaggio svolto dalla Mindlab International ben il 55 per cento delle persone risultavano essere più rilassate dopo aver trascorso del tempo con i loro animali domestici.

[22] *Un paese in bottiglia*, Rapporto di Legambiente, marzo 2008, consultabile su www.legambiente.it.

[23] La Giornata Mondiale dell'Acqua è una ricorrenza istituita dalle Nazioni Unite nel 1992 e cade regolarmente il 22 Marzo di ogni anno. Sito officiale www.unwater.org/worldwaterday.

[24] *40 grammi di cioccolato al giorno tolgono lo stress di torno*, articolo consultabile su www.greenme.it.

[25] *Chocolate consumption and cardiometabolic disorders: systematic review and meta-analysis*, in «British medical Journal», consultabile su www.bmj.com.

[26] Secondo uno studio condotto nel 2010 dall'Università di Harvard, all'assunzione regolare di cereali integrali è associata una riduzione dal 16 al 31 per cento del rischio di morte per qualsiasi causa nei soggetti con diabete.

[27] Il resveratrolo è una sostanza che appartiene alla famiglia di composti polifenolici ed è presente negli acini dell'uva.

[28] I prodotti cosmetici immessi sul mercato della Comunità europea sono regolamentati dalla direttiva sui cosmetici (76/768/CEE) che stabilisce le linee guida per la valutazione della sicurezza e quelle per l'etichettatura, consultabili su www.european-cosmetics.info.

[29] International Nomenclature of Cosmetic Ingredients.

[30] Consulta la sezione Eco Bio Cosmesi e Detergenza del sito www.icea.info.

[31] Associazione italiana per l'agricoltura biologica (www.aiab.it).

[32] Lega anti vivisezione (www.lav.it).

[33] CCPB Cosmetici naturali (www.ccpb.it), Bio Agricert (www.bioagricert.org), EcoCert Ecocert, Organisme de contrôle et de Certification (www.ecocert.com), Krontrollierte Natur-Kosmetik (www.kontrollierte-naturkosmetik.de), Soil Association (www.soilassociation.org).

[34] Cosmetic Organic Standard (www.cosmos-standard.org).

[35] Cit. Regolamento ICEA, Cosmos e AIAB.

[36] Regolamento (CE) n. 1223/2009.

[37] Per sensibilizzare e coinvolgere le aziende del settore, è stata ideata la dicitura "Stop ai test su animali" da apporre sull'etichetta e che viene concessa in Italia dalla LAV, in accordo con l'ICEA, ai prodotti conformi allo Standard internazionale Non testato su animali, che fissa i criteri per evitare l'incremento della sperimentazione dei cosmetici sugli animali (www.icea.info).

[38] *Come fare il sapone fatto in casa con solo tre ingredienti*, articolo consultabile su www.greenme.it.

[39] «I Composti organici volatili (VOC) rappresentano un insieme di sostanze in forma liquida o di vapore. I composti più comuni sono gli idrocarburi alifatici e aromatici, i terpeni, gli idrocarburi clorinati, gli alcoli, gli esteri, i chetoni e le aldeidi (tra cui la formaldeide). I VOC provengono da prodotti diversi: pitture, lacche, pesticidi, prodotti per la pulizia, materiali di costruzione, materiale per ufficio come adesivi, marcatori, stampanti, fotocopiatrici ecc. Gli effetti acuti associati all'esposizione ai VOC sono irritazione agli occhi, al naso e alla gola, mal di testa, nausea, stanchezza. Gli effetti cronici comprendono danni ai reni, al fegato e al sistema nervoso centrale e casi estremi tumore». Tratto da *Inquinamento Indoor*, pubblicazione ISPRA consultabile su www.indoor.apat.it.

[40] Forest Stewardship Council, è un'organizzazione internazionale non-profit, fondata nel 1993 per promuovere una gestione responsabile del mondo delle foreste. Il marchio FSC identifica i prodotti contenenti legno proveniente da foreste gestite in maniera corretta e responsabile secondo rigorosi standard ambientali, sociali ed economici. Sito internazionale di riferimento: www.fsc.org; sito ufficiale Associazione italiana Forest Stewardship Council: www.fsc-italia.it.

[41] «La formaldeide è un gas incolore con odore pungente e con un forte potere irritante. In uffici e ambienti residenziali la formaldeide è presente nella mobilia, nei tessuti, nei materiali per l'edilizia, nel fumo di tabacco e in molti prodotti di uso quotidiano, come detersivi, coloranti, disinfettanti, materie plastiche, colle e vernici. Può provocare irritazione alle mucose, agli occhi e alle vie respiratorie. Congiuntivite, asma, dermatite da contatto. stanchezza, angoscia, emicranie, nausea, sonnolenza e vertigini. Inoltre possiede potere mutageno e cancerogeno», Tratto da *Inquinamento Indoor*, pubblicazione ISPRA consultabile su www.indoor.apat.it.

[42] Per maggiori informazioni vedi *Tappeti Naturali ed ecologici: ecco quali scegliere*, su www.greenme.it.

[43] L'ente certificatore per le vernici ecologiche, come per altri prodotti quali i detergenti, è Ecolabel.

[44] Eco Giochiamo, per una vasta scelta di giocattoli ecologici (www.ecogiochiamo.com).

[45] Codici universali internazionali di riciclaggio, direttiva europea 94/62/CE.

[46] *Obesità Infantile*, pubblicazione del Ministero della Salute, consultabile su www.salute.gov.it.

[47] L'art. 727 Codice Penale punisce l'abbandono di animali con l'arresto fino a un anno o con l'ammenda fino a 10.000 euro.

[48] *Abbandono di animali*, consultabile su www.lav.it.

[49] Doggie Dooley (www.doggiedooley.com).

[50] Per ulteriori informazioni vedi *Come costruire in 10 mosse un tiragraffi per il vostro gatto con materiali riciclati*, su www.greenme.it.

[51] Vai in vacanza con i tuoi animali, sezione del sito dell'ENPA Vacanze Bestiali (www.vacanzebestiali.org).

[52] *Panni sporchi. Il segreto tossico dietro l'industria tessile*, pubblicazione di Greenpeace per denunciare il problema dell'inquinamento dei fiumi cinesi causato dagli scarichi tossici dell'industria tessile, consultabile su www.greenpeace.org/italy/it.

[53] Campagna Abiti Puliti, contro il processo di sabbiatura dei jeans (www.abitipuliti.org).

[54] *Panni sporchi 2. Dagli scarichi tossici ai prodotti in vendita*, pubblicazione di Greenpeace per denunciare la presenza di composti pericolosi per la salute e per l' ambiente che vengono usati nella produzione di abiti sportivi di brand internazionali, consultabile su www.greenpeace.org/italy/it.

[55] GOTS è la certificazione internazionale delle fibre biologiche per uso tessile, che garantisce l'eliminazione dei rischi ambientali, l'efficiente uso delle risorse, un basso impatto ambientale, l'attenzione alle condizioni di lavoro e il rispetto della giustizia sociale in ambito lavorativo (www.global-standard.org).

[56] Fairtrade Italia (www.fairtradeitalia.it).

[57] Per maggiori informazioni consultare la *Guida al Commercio Equo & Solidale* pubblicata da greenMe.it (www.greenme.it).

[58] Per carpire qualche idea visitate il sito www.craftster.org.

[59] Cute Circuit (www.cutecircuit.com).

[60] Vedi la sezione Riciclo e Riuso del sito di GreenMe.it (www.greenme.it).

[61] *Conflict Diamonds*, articolo consultabile sul sito di Amnesty International (www.amnestyusa.org).

[62] Un esempio di gioielli ricavati da rifiuti di RAEE è sul sito Geekware (www.geekware.ca).

[63] Per maggiori informazioni visitate il sito Girl on Bike (www.girlonbike.bigcartel.com).

[64] www.etsy.com.

[65] www.lomography.it.

[66] *Italia del Riciclo 2010*, Rapporto della Fondazione Sviluppo Sostenibile, consultabile su www.fondazionesvilupposostenibile.org.

[67] OTA (Organic Trade Association), www.ota.com.

[68] www.kimberleyprocess.com.

[69] Conferenza mondiale di Lanzarote, aprile 1995.

[70] Nel 2010 secondo l'Organizzazione Mondiale del Turismo gli arrivi turistici a livello internazionale sono stati di 935 milioni di persone (UNWTO World Tourism Barometer).

[71] Duccio Canestrini, *Andare a quel paese, vademecum del turista responsabile*, Feltrinelli Editore, Milano 2003.

[72] Csr Tourism (Corporate social responsibility in tourism), la prima certificazione in Italia per i tour operator (www.tourcert.org).

[73] La Comunità europea, nell'ambito del Quinto Programma d'Azione, ha delineato due strumenti di certificazione ambientale: Ecolabel ed Emas (regolamento CE n. 1980/2000). Emas è uno strumento al quale possono aderire volontariamente le organizzazioni (aziende, enti pubblici ecc.) per valutare e migliorare le proprie prestazioni ambientali e fornire al pubblico e ad altri soggetti interessati informazioni sulla propria gestione ambientale (www.apat.gov.it).

[74] Lanciato nel 1997 da Legambiente.

[75] *Decalogo di Legambiente Turismo*, consultabile su www.legambienteturismo.it.

[76] Per maggiori informazioni vedi *Gli ecoalberghi: la guida per scegliere gli hotel attenti all'ambiente*, su www.greenme.it. In Europa e nel mondo potete consultare il sito www.ecohotelsoftheworld.com.

[77] *Il Manifesto dell'Albergo Diffuso, Albergo Diffuso: un modello originale di ospitalità e di gestione dei servizi alberghieri*, consultabile su www.albergodiffuso.com.

[78] *Agriturismi all'insegna della eco-sostenibilità: il 99,3% sceglie di ridurre l'impatto ambientale,* articolo consultabile su www.agriturismo.it.

[79] *Glamping: il campeggio con tutti i confort*, articolo consultabile su www.greenme.it.

[80] Per informazioni su contatti e prenotazioni visitate il sito www.goglamping.net.

[81] «500.000 tonnellate di CO2 risparmiate nel 2010 in Italia, grazie all'utilizzo del treno», comunicato stampa Trenitalia, Aprile 2011.

[82] Per spostamenti in Italia visitate il sito www.postoinauto.it, in Europa www.carpooling.it, nel mondo www.roadsharing.com o www.carpoolworld.com.

[83] Rapporto *Mal d'aria di città 2010*, Rapporto di Legambiente consultabile sul sito www.legambiente.it.

[84] www.improntawwf.it.

[85] Politica europea di riduzione delle emissioni di gas serra del 20 per cento e di aumento dell'efficienza energetica e della produzione di energia da fonti rinnovabili entro il 2020, conosciuta anche come "Strategia 20-20-20", approvata a Dicembre 2008.

[86] «L'Impronta ecologica è un termine con cui si indica il determinato *peso* che ognuno di noi ha sulla Terra. L'impronta ecologica è un metodo di misurazione che indica quanto territorio biologicamente produttivo viene utilizzato da un individuo, una famiglia, una città, una regione, un paese o

dall'intera umanità per produrre le risorse che consuma e per assorbire i rifiuti che genera» (www.wwf.it, www.footprintnetwork.org).

87 I servizi di car-sharing in Italia sono consorziati nel circuito nazionale Iniziativa car sharing (ICS), organo del Ministero dell'Ambiente che ne garantisce l'omogeneità delle apparecchiature e l'interoperabilità dei servizi (www.icscarsharing.it).

88 *Telelavoro: la guida per salvare l'ambiente restando a casa*, articolo consultabile su www. greenme.it.

89 A maggio del 2010 è stata emanata la direttiva del Parlamento europeo e Consiglio Ue 2010/30/Ue *Norme sull'etichettatura del consumo energetico degli elettrodomestici e di altri prodotti connessi all'energia* che abroga la vecchia direttiva 92/75/CEE *Indicazione del consumo di energia e di altre risorse degli apparecchi domestici, mediante etichettatura ed informazioni uniformi*. Con la nuova direttiva, oltre a essere state estese le indicazioni energetiche, prima riservate ai grandi elettrodomestici, a tutti gli altri prodotti elettronici che consumano energia e che sono connessi al consumo di energia, è stato disposto che nell'etichetta energetica si dovrà tenere conto di tre nuove categorie energetiche: le classi A+, A++, A+++.

90 La direttiva europea (2005/32/CE) ha fissato da gennaio 2011 la soglia di 1 watt di potenza assorbita per il consumo in stand-by degli elettrodomestici (2 watt se la modalità stand-by serve ad illuminare un display informativo).

91 Secondo una stima della Commissione europea in totale le nuove lampadine possono portare a un risparmio energetico di 40 miliardi di kilowatt/ora all'anno, che corrispondono a 15 milioni di tonnellate di CO2, con conseguente risparmio per ogni abitazione dai 25 ai 50 euro all'anno sulla bolletta dell'elettricità (www.europarl.europa.eu).

92 Regolamento (CE) n. 244/2009 stabilisce che dal settembre 2009 le lampadine opache (smerigliate) dovranno essere di classe A in base all'etichetta energetica dell'UE. Solo le lampadine fluorescenti compatte e le lampadine a LED raggiungono tanta efficienza energetica. Tutti gli altri tipi di lampadine opache, non abbastanza efficienti, dovranno essere gradualmente ritirati dal commercio, come anche le lampadine trasparenti a bassa efficienza. Il ritiro è iniziato nel settembre 2009, quando sono state eliminate le lampadine trasparenti a incandescenza da 100W e oltre e si è introdotto per i prodotti equivalenti il requisito di essere di classe C. Lo stesso criterio sarà esteso gradualmente alle potenze minori entro il 2012 (75W nel 2010, 60W nel 2011, 40W e inferiori nel 2012).

93 Per maggiori informazioni vedi *Lampadine a risparmio energetico: la guida ragionata sulle lampade a basso consumo - Vademecum all'acquisto delle nuove lampadine*, articolo consultabile su www.greenme.it.

94 *25 modi per risparmiare acqua in casa e in giardino - Giardino, Orto, Cortile*, articolo consultabile su www.greenme.it.

95 L'impronta idrica di un individuo, di una comunità, di un'azienda è definita come il volume totale di acqua dolce utilizzata per produrre i beni e i servizi

consumati da quell'individuo, comunità o impresa (www.impronta-idrica.org, www.waterfootprint.org).

[96] European Commission, Eurostat.

[97] Riciclare è sicuramente una buona pratica ma l'obiettivo da raggiungere è la riduzione dei rifiuti. Rifiuti Zero, in inglese Zero Waste, è una strategia che si propone di riprogettare la vita ciclica delle risorse in modo tale da riutilizzare tutti i prodotti, facendo tendere la quantità di rifiuti da conferire in discarica allo zero.

[98] CIAL (www.cial.it).

[99] NatureMill, per il compostaggio domestic (www.composterdomestico.it).

[100] *Come costruire la compostiera fai da te sul balcone*, articolo consultabile su www.greenme.it.

[101] Decreto Ministeriale n. 65 dell'8 marzo 2010, cosiddetto "Decreto Semplificazioni", o "uno contro uno" che, a partire dal 18 giugno 2010, consente al cittadino che acquista una nuova apparecchiatura elettronica di lasciare al negoziante quella vecchia. Il ritiro da parte dei commercianti è obbligatorio e gratuito presso il punto vendita e potrà avvenire solo se l'apparecchiatura acquistata è della stessa tipologia di quella consegnata.

[102] Un'alternativa ecologica ai classici tamponi e assorbenti usa e getta è la "coppetta mestruale" riutilizzabile, in silicone anallergico certificato, "studiata dalle donne per le donne", pratica, economica, rispettosa del corpo femminile e dell'ambiente. Per maggiori informazioni www.labottegadellaluna.it o www.naturcup.it.

[103] *Idee dal Mondo per riutilizzare i fondi del Caffè*, articolo consultabile su www.greenme.it.

[104] Azienda statunitense nata nel New Jersey che si occupa del recupero della spazzatura per poi trasformarla in oggetti utili e pratici (www.terracycle.net).

[105] Guerrilla Gardening è un gruppo di appassionati del verde che ha deciso di interagire positivamente con lo spazio urbano attraverso piccoli atti dimostrativi, "attacchi" verdi. Guerrilla Gardening si oppone attivamente al degrado urbano agendo contro l'incuria delle aree verdi. L'attività principale del gruppo è quella di rimodellare e abbellire, con piante e fiori, le aiuole e le zone dimesse o dimenticate della città (www.guerrillagardening.it).

[106] Museo del Riciclo è il primo museo virtuale, lanciato da Ecolight sistema collettivo di gestione dei rifiuti da apparecchiature elettriche ed elettroniche, dove sono esposte opere d'arte all'avanguardia create con rifiuti, in particolare i RAEE (www.ecolight.it).

Fonti e informazioni utili

Eco-casa

M. Pennybacker, *Do one green thing*, Thomas Dunne Books, New York 2010.
Chemicals detergents, www.ec.europa.eu
Cleaning a little more green, www.bestgreenhometips.com
Cleaning tips & recipes for the home, www.tipnut.com
Detersivi: quando il "bianco" è "verde", www.lifegate.it
Green cleaning recipes, www.womensvoices.org
Green living, green cleaning tips, www.tlc.howstuffworks.com
La giungla dei prodotti per lavare, www.viviconstile.org
Non-toxic home cleaning, www.eartheasy.com
Stop ai fosfati nei detersivi per migliorare la qualità dell'acqua, www.europarl.europa.eu

Eco-food

www.sustainabletable.org
How to reduce food waste, www.myzerowaste.com
L'accesso al diritto dell'Unione Europea, www. eur-lex.europa.eu
Livestock's long shadow. Environmental issues and options, 2006, www.fao.org
Mangiamoli giusti, pesci da mettere nel piatto e quelli da lasciare in mare, www.slowfood.it/slowfish
Natural resources defence council, smarter living, www.nrdc.org
Sai che pesci pigliare, guida al consumo consapevole dei prodotti del mare, www.wwf.it

Eco-benessere

www.naturalhomeandgarden.com
10 modi a impatto zero per ridurre lo stress, www.greenme.it

Beat stress by spending time with your dog, www.telegraph.co.uk
Brown rice and other whole grains can prevent type 2 diabetes, www.naturalnews.com
Eat, drink, and be sleepy! 5 natural sleep AIDS, www.rodale.com
How many calories are burned gardening?, www.livestrong.org
Ora legale: Coldiretti, dieta serale contro rischio insonnia, 2011, www.coldiretti.it
Perché scegliere l'acqua del rubinetto, www.acquadelrubinetto.it
The nutrition source health gains from whole grains, www.hsph.harvard.edu
UF review of resveratrol studies confirms potential health boost, www.news.ufl.edu
Un paese in bottiglia, rapporto Legambiente 2008
Whole grain guide, www.healthgrain.eu

Eco-beauty

Beauty, www.instructables.com
Beauty & Anti-aging, www.goodhousekeeping.com
Breve dizionario degli ingredienti cosmetici nocivi, www.lifegate.it
Consigli spiccioli su cosa evitare, www.saicosatispalmi.org
Cosmesi, www.greenme.it
Cosmetic ingredients database, www.ec.europa.eu
Cosmetici e sperimentazione animale, www.consumoconsapevole.org
Cosmetics, Product and ingredient safety, www.fda.gov
DIY Recipes, www.safecosmetics.org
Getting Lippy Cosmetics, toiletries and the environment, www.wen.org.uk
Guida all'eco cosmesi: bellezza sicura e sostenibile, www.greenme.it
My DIY beauty brand: Home-made cosmetics, www.independent.co.uk
Natural Home Remedies, www.natural-homeremedies-for-life.com
Quick Stick Deodorant, www.littlehouseinthesuburbs.com
Toxic chemical ingredients in cosmetics and body care products, www.health-report.co.uk
Test cosmetici su animali: normativa europea, www.saicosatispalmi.org

Eco-infanzia

www.healthychild.org
www.safekids.org
Bambini e Pannolini, www.viviconstile.org
Bisfenolo A, www.efsa.europa.eu
Children's health protection, www.epa.gov
Child health threatened by everyday chemicals, say nation's pediatricians, www.rodale.com
Elements of a green baby nursery, www.greenhomeguide.com
Green nursery: 7 step per rendere sicura ed ecologica la stanza dei bimbi, www.greenme.it
Plastica e alimenti: come riconoscere le materie plastiche da non usare mai con i cibi, www.greenme.it
Sicurezza alimentare, www.ilfattoalimentare.it
Sicurezza domestica: 15 modi per rendere la vostra casa a prova di bambino, www.greenme.it
Sostanze tossiche, decalogo WWF per ridurre i rischi, www.wwf.it
Toy safety directives directive 2009/48/EC, www.ec.europa.eu
Una casa a prova di bambino: prevenire gli incidenti domestici, www.altroconsumo.it

Eco-animali

www.greenpaws.org
8 Tips for Natural Pet Care, www.greenliving.about.com
Come proteggere il vostro cane dalle pulci, www.greenme.it
In vacanza con Fido (altrimenti arriva la Dogo Gang…), www.lifegate.it
Pet care, www.petmd.com
Pet care tips, www.aspca.org
Vai in vacanza con i tuoi animali, www.vacanzebestiali.org

Eco-moda

R. Dalla Rosa, *Vestiti che fanno male a chi li indossa, a chi li produce,* Terre di Mezzo 2011.
www.kimberleyprocess.com
www.nodirtygold.org

Abbigliamento e tessile: anche la moda va verso la sostenibilità, www.greenbiz.it
About eco-friendly, environmentally-friendly, fashion (clothing and textiles), www.naturalhealthcare.ca
Commercio equo e solidale, www.equonline.com
Conflict diamonds, www.amnestyusa.org
Eco fashion guide, www.ecofashionworld.com
Green living fashion, www.theecologist.org
How to dress green: eco-friendly fashion, www.greenliving.nationalgeographic.com
Moda e abbigliamento, www.greenme.it
Wear, www.eartheasy.com
Ultimate guide to organic clothing, www.tlc.howstuffworks.com
Zimbabwe gets go-ahead to sell diamonds again, by Basildon Peta in Johannesburg, www.independent.co.uk
Conflit diamonds, www.un.org

Eco-viaggi

F. Bencardino - G. Marotta, *Nuovi turismi e politiche di gestione della destinazione*, Pubblicazioni Dases, Franco Angeli Editore, Milano 2004.
D. Canestrini, *Andare a quel paese, vademecum del turista responsabile*, Feltrinelli Editore, Milano 2003
www.ewwr.eu
www.saveenergyandwater.com
12 cose che mai avresti pensato di non poter riciclare, www.greenme.it
100 Ways to conserve, www.wateruseitwisely.com
Abitare la casa, www.viviconstile.org
Casa pulita casa sicura, www.cleanright.eu
Cosa Significa essere sostenibili, www.ilturismosostenibile.org
Driving, www.eta.co.uk
Efficienti per natura, www.improntawwf.it
Efficienza energetica in casa e al lavoro, www.casasoleil.it
Green Fuel economy: save money on gas, www.greenerchoices.org
Indicatori di sostenibilità, www.improntawwf.it
Lampadine a basso consumo, www.ec.europa.eu
Raccolta differenziata, www.educambiente.tv

Raccolta differenziata, www.wwf.it
Rifiuti. Obiettivo rifiuti zero, www.wwf.it
Rifiuti, www.legambiente.it
Tips, www. greentravelerguides.com
Tips for travelers, www.ecotourism.org
Water conservation tips, www.environment.nationalgeographic.com
Your home, www.energysavers.gov

Indice

VERY DIFFICULT, too

ECO-INFANZIA

ECO-ANIMALI

101

66
99

1. Ilaria Beltramme, *101 cose da fare a Roma almeno una volta nella vita*
2. Federica Bosco, *101 modi per riconoscere il tuo principe azzurro (senza dover baciare tutti i rospi)*
6. Micol Arianna Beltramini, *101 cose da fare a Milano almeno una volta nella vita*
7. Gianni Nosenghi, *101 cose da fare a Venezia almeno una volta nella vita*
8. Patrizio Cacciari, *101 motivi per odiare la Lazio e tifare la Roma*
9. Agnese Palumbo, *101 cose da fare a Napoli almeno una volta nella vita*
10. Ilaria Beltramme, *101 perché sulla storia di Roma che non puoi non sapere*
12. Paola Fiorentini, *101 cose da fare a Torino almeno una volta nella vita*
13. Gianmichele Lisai, *101 cose da fare in Sardegna almeno una volta nella vita*
15. Elisa Genghini, *101 cose da fare in Romagna almeno una volta nella vita*
17. Francesca Belotti – Gian Luca Margheriti, *101 storie su Milano che non ti hanno mai raccontato*
18. Margherita Bianchini, *101 cose da fare a Bologna almeno una volta nella vita*
19. Maria Cecilia Averame, *101 cose da fare a Genova almeno una volta nella vita*
20. Daniela Gambino, *101 cose da fare in Sicilia almeno una volta nella vita*
21. Agnese Palumbo, *101 storie su Napoli che non ti hanno mai raccontato*
22. Dante Sebastio, *101 motivi per odiare il Milan e tifare l'Inter*
23. Marco Dell'Acqua, *101 motivi per odiare l'Inter e tifare il Milan*
24. Franco Ossola, *101 motivi per odiare la Juventus e tifare il Torino*
25. Rossano Astremo, *101 cose da fare in Puglia almeno una volta nella vita*
26. Alba Allotta, *101 ricette da preparare, provare e gustare almeno una volta nella vita*
27. Federica Morrone – Cristiana Rumori, *101 trattorie e osterie di Roma dove mangiare almeno una volta nella vita e spendere molto poco*
28. Andrea Frediani, *101 segreti che hanno fatto grande l'impero romano*
30. Elisabetta Putini, *101 cose da fare a Roma con il tuo bambino*
31. Luciano Pignataro, *101 vini da bere almeno una volta nella vita spendendo molto poco*
32. Carlo Cambi, *101 trattorie e osterie di Milano dove mangiare almeno una volta nella vita e spendere molto poco*
33. Micol Arianna Beltramini, *I 101 luoghi più romantici di Milano dove innamorarsi per tutta la vita*
35. Patrizio Cacciari, *101 storie su Roma che non ti hanno mai raccontato*

36. Alba Allotta, *101 ricette da preparare al tuo bambino per farlo crescere sano e felice*
37. Adriano Angelini, *101 cose da fare a Roma di notte almeno una volta nella vita*
38. Giovanna Canzi – Daniela Pagani, *101 cose fare a Milano con il tuo bambino*
39. Luca Stanchieri, *101 modi per liberarti dagli stronzi e trovare soddisfazione nel lavoro*
40. Martina Rinaldi, *101 modi per addormentare il tuo bambino*
41. Mariaelena La Banca, *101 giochi intelligenti e creativi da fare con il tuo bambino*
42. Daniela Gambino, *101 storie sulla Sicilia che non ti hanno mai raccontato*
43. Gianmichele Lisai, *101 storie sulla Sardegna che non ti hanno mai raccontato*
44. Rossano Astremo, *101 storie sulla Puglia che non ti hanno mai raccontato*
46. Giuseppe Ortolano, *101 luoghi insoliti in Italia dove andare almeno una volta nella vita*
47. Eliselle, *101 modi per diventare bella, milionaria e stronza*
48. Eva Clesis, *101 motivi per cui le donne ragionano con il cervello e gli uomini con il pisello*
51. Margherita Bianchini, *101 storie su Bologna che non ti hanno mai raccontato*
52. Agnese Palumbo, *101 donne che hanno fatto grande Napoli*
53. Gabriella Serio, *101 tesori nascosti di Roma da vedere almeno una volta nella vita*
54. Fabrizio Càlzia, *101 cose da fare in Liguria almeno una volta nella vita*
55. Valentina Rossi, *101 cose da fare a Firenze almeno una volta nella vita*
56. Samuele Zamuner, *101 cose da fare in Friuli almeno una volta nella vita*
57. Irene Zanetti, *101 cose da fare in Venezia Giulia almeno una volta nella vita*
58. Francesco Rende, *101 modi per interpretare la tua scrittura e quella degli altri*
60. Bruno De Stefano, *101 storie di camorra che non ti hanno mai raccontato*
61. Cristina Fantuzzi – Elena Rolla, *101 storie su Torino che non ti hanno mai raccontato*
63. Monica Cirinnà – Lilli Garrone, *101 storie di gatti che non ti hanno mai raccontato*
64. Pietro Valentino, *101 motivi per tifare il Napoli*
65. Claudio Rendina, *101 luoghi di Roma sparita che avresti voluto e dovuto vedere*
67. Stefania Nascimbeni, *101 motivi per cui le donne preferiscono gli stronzi*
68. Paolo Conti, *101 cose che dovrebbe fare un sindaco di Roma per migliorare la città e la qualità della vita*

69. Franco Ossola, *101 gol che hanno fatto grande il Torino*
70. Renato Tavella, *101 gol che hanno fatto grande la Juventus*
71. Marco Dell'Acqua, *101 gol che hanno fatto grande il Milan*
72. Dante Sebastio, *101 gol che hanno fatto grande l'Inter*
73. Paola Rinaldi, *101 modi per non buttare via nulla*
74. Stefania Bonura, *101 misteri dell'antico Egitto che non puoi non conoscere*
75. Luisa Gasbarri, *101 cose da fare in Abruzzo almeno una volta nella vita*
76. Stefania Bonura, *Le 101 donne più malvagie della storia*
78. Maurizio Puppo, *101 motivi per odiare il Genoa e tifare la Sampdoria*
79. Vincenzo Borgomeo, *101 storie sulla Ferrari che non ti hanno mai raccontato*
80. Andrea Accorsi - Daniela Ferro, *101 personaggi che hanno fatto grande Milano*
81. Andrea Frediani, *101 battaglie che hanno fatto l'Italia unita*
82. Katja Centomo, *101 cose da fare in Valle D'Aosta almeno una volta nella vita*
83. Severino Colombo, *101 stronzate a cui abbiamo creduto tutti almeno una volta nella vita*
84. Augusto Cavadi, *101 storie di mafia che non ti hanno mai raccontato*
85. Luca Stanchieri, *101 modi per allenare l'autostima*
86. Luca Stanchieri, *101 cose da sapere per difendersi dai bugiardi e dai traditori*
87. Claudio Rendina, *101 misteri e segreti del Vaticano che non ti hanno mai raccontato e che la Chiesa non vorrebbe farti conoscere*
88. Davide Malesi, *101 itinerari da fare in motocicletta almeno una volta nella vita*
90. Lucetta Scaraffia – Giulia Galeotti, *101 donne che hanno fatto grande l'Italia*
91. Sabrina Ramacci, *101 personaggi che hanno fatto grande Roma*
92. Lucia Tilde Ingrosso – Giuliano Pavone, *101 cose da fare in gravidanza e prima di diventare genitori*
94. Laura Quercioli Mincer, *101 storie ebraiche che non ti hanno mai raccontato*
95. Chiara Giacobelli, *101 cose da fare nelle Marche almeno una volta nella vita*
96. Gianmichele Lisai, *101 misteri della Sardegna che non saranno mai risolti*
97. Lorenzo Casadei – David Santoro, *101 storie zen che non ti hanno mai raccontato*
100. Pier Francesco Lisi, *101 buoni alimenti che si prendono cura di noi*
102. Marina Minelli, *101 storie di regine e principesse che non ti hanno mai raccontato*
104. Annalisa Marchianò, *101 cose da fare in Calabria almeno una volta nella vita*

106. Alessio Strazzullo, *101 tesori nascosti di Napoli da vedere almeno una volta nella vita*
107. Laura Fezia, *101 misteri di Torino che non saranno mai risolti*
109. Barbara Baraldi, *101 misteri di Bologna che non saranno mai risolti*
111. Fabrizio Càlzia, *101 storie su Genova che non ti hanno mai raccontato*
112. Sabina Ciminari, *101 cose da fare a Parigi almeno una volta nella vita*
113. Giacomo Besenghi, *101 cose da fare a Londra almeno una volta nella vita*
114. Gianfranco Cordara, *101 cose da fare a New York almeno una volta nella vita*
115. Gilda Terranova, *101 cose da fare a Palermo almeno una volta nella vita*
116. Daniela Farnese, *101 modi per far soffrire gli uomini*
118. Maria Leonarda Leone, *101 donne che hanno fatto grande 101 uomini*
119. Monica Cirinnà – Lilli Garrone, *101 storie di cani che non ti hanno mai raccontato*
120. Isa Grassano, *101 cose divertenti, insolite e curiose da fare gratis in Italia almeno una volta nella vita*
122. Sarah Scaparone, *101 cose da fare in Piemonte almeno una volta nella vita*
123. Marco Dell'Acqua – Giuliano Pavone, *101 perché sulla storia di Milano*
che non puoi non sapere
126. Paola Staccioli, *101 donne che hanno fatto grande Roma*
127. Carlotta Rizzo, *101 modi per liberare il genio che è in te*
128. Vincenzo Reda, *101 storie maya che dovresti conoscere prima della fine del mondo*
131. Maurizio Puppo, *101 gol che hanno fatto grande la Sampdoria*
132. Stefano Ardito, *101 storie di montagna che non ti hanno mai raccontato*
133. Simona Manna, *È facile vincere lo stress a Roma se sai dove andare*
135. Federica Morrone, *101 motivi per cui le donne sono più intelligenti degli uomini*
136. Marco Lucchetti, *101 storie su Mussolini che non ti hanno mai raccontato*
140. Francesco Di Fant, *101 cose da sapere sul linguaggio segreto del corpo*
141. Giovanna Canzi, *101 modi per diventare una supermamma*
143. Serena Bersani, *101 donne che hanno fatto grande Bologna*
145. Rossano Astremo, *101 misteri della Puglia che non saranno mai risolti*
146. Giuseppe Ceccato – Andrea Forlani, *101 viaggi straordinari da fare almeno una volta nella vita*
147. Gloria Mastrantonio, *101 consigli per vivere ogni giorno rispettando l'ambiente*
149. Gabriella Serio, *Curiosità e segreti di Roma*